名师点拨

——考场作文分阶突破

龙晓彤　主编

李奇　副主编

北京燕山出版社
BEIJING YANSHAN PRESS

图书在版编目（CIP）数据

名师点拨：考场作文分阶突破 / 龙晓彤主编. —
北京：北京燕山出版社，2021.8
ISBN 978-7-5402-6122-1

Ⅰ. ①名… Ⅱ. ①龙… Ⅲ. ①作文课－高中－升学参考资料 Ⅳ. ①G634.343

中国版本图书馆CIP数据核字（2021）第130588号

名师点拨：考场作文分阶突破

主　　编　龙晓彤
责任编辑　满　懿
出版发行　北京燕山出版社
地　　址　北京市丰台区东铁匠营苇子坑138号C座
电　　话　010-65240430
邮　　编　100079
印　　刷　北京政采印刷服务有限公司
经　　销　新华书店
开　　本　170mm×240mm　16 开
字　　数　248千字
印　　张　13.75
版　　次　2021年8月第1版
印　　次　2021年8月第1次印刷
定　　价　45.00元

编 委 会

主　编：龙晓彤

副主编：李　奇

编　委：王丹丹　王　曦　田　刚　陈智凯

吴潇松　张　琳　徐芙莉　董庆蓉

前言

高中考场作文是广大考生最期待突破，也最不得其法的板块。本书基于广大学生考场作文的常见痛点痼疾，采萃一线名师的宝贵经验，对考场作文进行分阶分点突破。我们定位于解决学生和教师在作文的学与教中的实际问题，切合学生和教师的需求，真正帮助广大考生提升作文应试能力。需要说明的是，本书主要针对议论文写作。

本书将考场作文突破训练分解为三个阶次：第一阶，“如何写出一篇规范的考场作文（45分，不难！）”，主要针对写作能力不甚突出的学生，着重于常规，力争达到考场作文的基本要求。告诉学生作文并不难，要有信心。第二阶，“如何在符合要求的基础上进一步升格（48分，你可以！）”，针对已经完成第一阶要求的同学，告诉他们如何升格，有指导建议，也有案例分析，操作性强。第三阶，“如何让自己的文章出类拔萃（突破50分，不是梦想！）”，针对写作能力较强的同学，引导他们在原有基础上寻求新的突破。三部分依次递进，既给学生提供了分层学习的依据，又指出了逐步提升的路径，让每个层次的学生都有自己的目标和努力的方向。

每个阶次设置若干关键突破点。这些突破点是根据平时作文教学实际选择的学生写作中存在的共通性问题，以提问—解答的形式展开。这样以问题吸引读者，以方法指导读者，针对性和有效性会更强。

每个突破点分别从“问题描述”“解决良方”“案例分析”“拓展演练”四个角度进行精准指导。这四个方面将教、学、练有机结合，形成完整的写作指导系统。

【问题描述】呈现学生写作中存在的主要问题，既让学生警醒反思，又让后面的指导具有很强的现实针对性。

【解决良方】根据学生的问题提出解决的策略，讲解简明扼要通俗易懂，路径清晰明了易操作。

【案例分析】举例说明上述方法如何实施。结合实例分析，增强学生的体验感，让方法落地。

【拓展演练】通过拓展练习，让学生巩固强化，最终学会运用，将方法内化为自己的东西。

本书选点精当且有针对性，方法解析简洁干净，语言风格轻松明快，与学生有对话感，案例富有典范性，穿插点拨分析，能真正实现对广大考生的有效指导，让不同层次的学生都能在本书找到提升契机，解决作文沉疴。

本书对高中语文教师开展有效作文教学也有指导作用。

龙晓彤

第一章　如何写出一篇规范的考场作文

问题一：如何突破老大难的审题问题 ……………………………… 2

问题二：如何解决立意粗糙陈旧的问题 …………………………… 22

问题三：如何写好有价值的写作提纲 ……………………………… 33

问题四：如何“花式”点题 ……………………………………… 43

第二章　如何在符合要求的基础上进一步升格

问题一：如何让文章内容丰富充实 ………………………………… 54

问题二：如何让分论点更有层次 …………………………………… 71

问题三：如何让分析更“有理” …………………………………… 85

问题四：如何有效积累和运用素材 ………………………………… 100

问题五：如何在文章末尾总结升华 ………………………………… 114

问题六：如何改造平淡无力的语言 ………………………………… 123

第三章　如何让自己的文章出类拔萃

问题一：如何写“出格”的作文 …………………………………… 138
问题二：如何在作文中关联社会热点 ……………………………… 152
问题三：如何增强写作的批判性 …………………………………… 166
问题四：如何让文中有鲜活的“自我” ……………………………… 177
问题五：如何拉近与阅卷者的距离 ………………………………… 192
问题六：如何把平时创作的优秀范文迅速转化为考场佳作 ………… 201

第一章 如何写出一篇规范的考场作文

问题一：如何突破老大难的审题问题

一、了解特点，判断类型

【问题描述】

考场作文题目有多种类型。有的考生对其特点缺乏足够的了解，在应考时出现偏题离题、误判写作任务、遗漏任务要求等问题。

【解决良方】

正确判断作文题目的类型离不开对题干的仔细揣摩。初读题目，同学们要尤其注意把握题干的关键信息，发掘题干中隐藏的线索，从而确定作文题目的类型，以便更好地谋篇布局、展开写作。

常见的考场作文题目类型，主要有以下六种：命题作文、半命题作文、话题作文、传统材料作文、新材料作文、任务驱动型作文。近年来，新材料作文和任务驱动型作文尤其受到命题者的青睐。同学们应当格外重视。

下面分别介绍六种作文题目类型的主要特点和形式特征。

命题作文，即命题者给出一个既定的标题，要求应试者根据给定的标题来进行写作。题干中出现“请以《××》为题，写一篇文章”的字样，便说明此题是命题作文。这类作文题要求比较明确，审题一般不会出现大的差错。但要注意是否有文体限制。命题作文不常出现于全国卷中，但北京卷近几年常有。例如2017年北京卷：

（1）纽带是能够起联系作用的人或事物。人心需要纽带凝聚，力量需要纽带汇集。当今时代，经济全球化的发展、文化的交流、历史的传承、社会的安宁、校园的和谐等都需要纽带。

请以“说纽带”为题，写一篇议论文。

要求：观点明确，论据充分，论证合理。

（2）2049年，我们的共和国将迎来百年华诞。届时假如请你拍摄一幅或几幅照片来展现中华民族伟大复兴的辉煌成就，你将选择怎样的画面？

请展开想象，以“共和国，我为你拍照”为题，写一篇记叙文。

要求：想象合理，有叙述，有描写。可以写宏大的画面，也可以写小的场景，以小见大。

半命题作文，即命题者给出标题的一部分，要求应试者先将标题补充完整，再根据补充好的标题来进行创作。题干中出现“请以《××________》为题，写一篇文章”的字样，便说明是半命题作文。半命题作文历来不是高考命题者的首选，出现频率不高。例如2009年福建卷：

题目：这也是一种________

请先在横线上填上适当的词语，形成完整的题目，然后写一篇不少于800字的文章。

要求：立意自定，文体自选（诗歌除外）。不得抄袭。

此外，还有一些非常规的半命题作文。命题者给定了文章的副标题，要求考生自拟主标题再进行写作，这类作文题目也属于半命题作文。例如2017年全国III卷：

今年是我国恢复高考40周年。40年来，高考为国选材，推动了教育改革与社会进步，取得了举世瞩目的成就。40年来，高考激扬梦想，凝聚着几代青年的集体记忆与个人情感，饱含着无数家庭的泪珠汗水与欢声笑语。想当年，1977年的高考标志着一个时代的拐点；看今天，你正与全国千万考生一起，奋战在2017的高考考场上。

请以“我看高考”或“我的高考”为副标题，写一篇文章。要求选好角度，确定立意；明确文体，自拟标题；不要套作，不得抄袭；不少于800字。

话题作文，即以命题者给定的话题为中心进行选材和创作。命题者用一段导引材料启发考生思考，用话题限定写作范围。题干中出现“请以‘××’为话题/主题，写一篇文章”或“请围绕‘××’，写一篇文章”等字样，便说明是话题作文。话题作文的写作，要求所写内容与话题相关即可，发挥范围往往比命题作文更广。例如2020年全国新高考I卷：

阅读下面的材料，根据要求写作。

面对突发的新冠肺炎疫情，国家坚持人民至上、生命至上，果断采取防控措施，全国人民紧急行动。

人们居家隔离，取消出访和聚会；娱乐、体育场所关闭；政务服务网上办理；学校开学有序推迟；公共服务场所设置安全“一米线”。防疫拉开了人们的距离。

城乡社区干部、志愿者站岗值守，防疫消杀，送菜购药，缓解燃眉之急；医学专家实时在线，科学指导，增强抗疫信心；快递员顶风冒雨，在城市乡村奔波；司机夜以继日，保障物资运输；教师坚守岗位，网上传道授业；新闻工作者深入一线，传递温情和力量。抗疫密切了人们的联系。

请综合以上材料，以“疫情中的距离与联系”为主题，写一篇文章。

要求：选准角度，确定立意，明确文体，自拟标题；不要套作，不得抄袭；不得泄露个人信息；不少于800字。

传统材料作文，又称“材料作文”“旧材料作文”，即命题者给出一段文本材料，要求考生先全面理解、把握和提取材料的核心内涵，再围绕材料及其内涵来进行立意、构思、创作。材料所反映的中心就是文章中心的来源，不能脱离材料所揭示的中心来写作。文体上，通常要求为议论文；写作时，通常要求引述材料内容。“材料”只是“敲门砖”，只是立论的依据，用来提炼论点；论点提出后，在论证的过程中可以把“材料”“丢在一边”不再提及。传统材料作文的局限在于写作范围较窄、难以写出新意。一则材料，往往可以提取出多个观点，却只能有一种最佳立意。传统材料作文要求所有考生都围绕最佳立意进行写作，否则就有偏题、离题之嫌。正因传统材料作文有如此局限，目前这类作文已经逐渐淡出人们的视野，被新材料作文所取代。试看下例：

阅读下面的材料，写一篇800字左右的议论文。

楚国马车底座较低，易碰伤马腿，且车速很慢。楚王想下令改高底座。大臣提议：“可发布告示，今年可能会发洪水，为避免洪水漫进房屋建议各家加高门槛。”告示发布后，老百姓都加高了门槛，可马车进门时车底会碰到门槛，于是纷纷把底座改高。半年后，竟然改造完毕。

要求：选好角度，确定立意，明确文体，自拟题目；不要脱离材料内容及含义的范围作文，不要套作，不得抄袭；不少于800字。

材料中提到“半年后，竟然改造完毕”，“竟然”一词表明出题人对这种方式的态度。如果楚王下令改高马车底座，百姓心里会有抵触的情绪，现在换一种方式，便取得了意想不到的效果。从楚王和大臣的角度来立意可以谈“转换思维”“学会变通”“思变则通”“善于借力”“换一种方式”；从楚王听取大臣劝谏的角度来立意可以谈“听取他人谏言”“善听则明”；

而从百姓的角度来看可以谈“被动与主动”“主动求变”。这其中的最佳角度就是楚王和大臣的角度。

新材料作文，是相较过去的传统材料作文而言的。新材料作文之“新”体现在写作要求新：新材料作文的写作自由度更高，通常不限文体，也不再一味强调“核心立意”“最佳立意”，考生可以从多个角度切入，只要不脱离材料意涵即可。新材料作文较好地融合了话题作文和传统材料作文的长处，鼓励考生在合理范围内抒发自己的新颖见解和独特感悟，降低了审题难度的同时又大大拓展了写作空间。新材料作文之“新”，还体现在材料形式之新：给出的材料，可以是一则故事、几句名言，也可以是一段诗文、几个词语；还可以是一则漫画、几张图片。当今的材料作文，大多都是新材料作文，题干中通常有“选择一个角度构思”“自主确定立意”“文体自选”等字样作为提示。例如2020年江苏卷：

根据以下材料，选取角度，自拟题目，写一篇不少于800字的文章。除诗歌外，文体自选。

同声相应，同气相求。人们总是关注自己喜爱的人和事，久而久之，就会被同类信息所环绕、所塑造。智能互联网时代，这种环绕更加紧密，这种塑造更加可感。你未来的样子，也许就开始于当下一次从心所欲的浏览，一串惺惺相惜的点赞，一回情不自禁的分享，一场突如其来的感动。

上述材料以“同”与“求同”为核心。在此基础上，考生可以从如下几个角度展开写作：共同语言、文化认同、志同道合、人以群分、环境育人等。还可以运用批判性思维，从思维同质化、圈子文化、群体依赖等方面进行反思。

任务驱动型作文，即命题者给出具体的写作任务，以任务来“驱动”考生进行写作。《普通高中语文课程标准（2017年版）》指出：“考试、测评题目应以具体的情境为载体，以典型任务为主要内容。”“以情境任务作为试题载体，让学生在个人体验、社会生活和学科认知等特定情境中完成不同学习任务，呈现语文学习的不同表现。”任务驱动型作文，便是契合新课标要求的一种作文形式。

大家平日习作时，常会被要求针对现实热点争议事件发表看法、撰写“时评文”。但需要注意的是，应当破除“任务驱动型作文就是时评文”的误解。任务驱动型作文的“任务”，可以是多方面的：文体方面，如2015年全国I卷要求考生以“明华”的身份向当事人写一封书信，再如2020年全国II卷要求考生作为青年代表撰写一篇演讲稿；内容方面，如2019年全国I卷要求考生以“热爱劳动”为主要内容进行写作，再如2020年全国III卷要求考生就“如何为自己画好像”发表自己的感悟与思考；思维方面，如2015年全国II卷要求考生从三名候选人中选出一位风采人物并体现自己的权衡与选择，再如2016年上海卷要求考生就“评价他人的生活”的社会现象发表自己的认识与思考。总之，任务驱动型作文并没有统一的显性的形式特点，只要命题者在题干中给出了明确的写作任务，这道作文题就是任务驱动型作文。

【案例分析】

命题作文、半命题作文、话题作文、传统材料作文四种作文类型，或是形式特征较明显，或是出现频率不高，此处不再赘述。考生应当注意避免将任务驱动型作文误判为新材料作文。下面举例说明。请看2020年全国I卷。

阅读下面的材料，根据要求写作。

春秋时期，齐国的公子纠与公子小白争夺君位，管仲和鲍叔分别辅佐他们。管仲带兵阻击小白，用箭射中他的衣带钩，小白装死逃脱。后来小白即位为君，史称齐桓公。鲍叔对桓公说，要想成就霸王之业，非管仲不可。于是桓公重用管仲，鲍叔甘居其下，终成一代霸业。后人称颂齐桓公九合诸侯、一匡天下，为“春秋五霸”之首。孔子说：“桓公九合诸侯，不以兵车，管仲之力也。”司马迁说：“天下不多（称赞）管仲之贤而多鲍叔能知人也。”

班级计划举行读书会，围绕上述材料展开讨论。齐桓公、管仲和鲍叔三人，你对哪个感触最深？请结合你的感受和思考写一篇发言稿。

要求：结合材料，选好角度，确定立意，明确文体，自拟标题；不要套作，不得抄袭；不得泄露个人信息；不少于800字。

命题者给出的材料，是一段富有哲理的历史故事，写作角度也比较多元。乍看之下，该题似乎是新材料作文，其实不然。仔细阅读题干，我们可以发现——

首先，命题者设置了作文情境，有意将考生置于“班级读书会”的具体场合中，引导考生就特定的议题“齐桓公、管仲和鲍叔三人，你对哪个感触最深”发表自己的看法。“班级”“读书会”表明这是一篇写给同龄人的文章，或者是一篇读书心得，所以那些“套话”“假话”大可不必出现，更多需要的是青春的、积极的表达。这与任务驱动型作文的“情境化”特点相一致。

其次，命题者设置了探究任务，要求考生从齐桓公、管仲和鲍叔三人中选出自己感触最深的一人来谈。这限定了作文的角度，不是三人都写，而是选择一人；不是面面俱到，而是有所感还有所思。“最深”则表明，三个人物之间还能互相比较，体现辩证思维。这也同任务驱动型作文“重视思辨”的特点相契合。

最后，命题人设置了文体限制，要求考生撰写一篇“发言稿”。发言稿不是娓娓道来的书信，不是激情昂扬的演讲稿，也不是普普通通的议论文。发言稿要求观点明确、说理晓畅，同时还要注意诸如称谓、问候语、结束语等格式要求。这又与任务驱动型作文的“任务导向”相符。

从上述几点来看，该题属于任务驱动型作文。如果把该题当作新材料作文来写，便极有可能无法完成既定的写作任务，导致作文分数不理想。

【拓展演练】

请尝试判断下列作文题目的类型，并简要说明判断的理由，或在题目中勾画出相关依据。

（1）阅读下面的材料，根据要求写作。

不错，目前的中国，固然是江山破碎，国弊民穷，但谁能断言，中国没有一个光明的前途呢？不，决不会的，我们相信，中国一定有个可赞美的光明前途。

——方志敏

国家是大家的。爱国是每个人的本分。

——陶行知

若能做一朵小小的浪花奔腾，呼啸加入献身者的滚滚洪流中推动人类历史向前发展，我觉得这才是一生中最值得骄傲和自豪的事情。

——黄大年

以上材料触发了你怎样的思考和感悟？请据此写一篇文章。

要求：①自选角度，自拟标题；②文体不限（诗歌除外），文体特征明显；③不少于800字；④不得抄袭，不得套作。

（2）阅读下面的文字，根据要求作文。

有一种观点认为：作家写作时心里要装着读者，多倾听读者的呼声。

另一种看法是：作家写作时应该坚持自己的想法，不为读者所左右。

假如你是创造生活的“作家”，你的生活就成了一部“作品”，那么你将如何对待你的“读者”？根据材料写一篇文章，谈谈你的看法。

（3）阅读下面一则寓言，按要求作文。

一个卖草帽的老人，有一天躺在大树下打盹，醒来一看，身边的草帽不见了，抬头一看，树上的猴子都顶着一只草帽。他想，猴子喜欢模仿人的动作，就把自己头上的草帽摘下来往地上一扔，猴子见了也把头上的草帽摘下来往地上一扔，他捡起草帽高高兴兴回家了，并把这件事告诉了儿子和孙子。很多年后，孙子继承了家业。有一天也跟爷爷一样在大树下睡着了，草帽同样被猴子拿走。他突然想起爷爷讲的故事，就把头上的草帽摘下来往地上一扔，结果树上的猴子不但没跟着做，反而冲他嘲笑似的吱吱大叫。他正纳闷，猴王出来了，说：“还跟我们玩这个，你以为就你有爷爷吗？”

要求：请从上述故事的寓意出发，写一篇议论文。要求不脱离材料的内容和含义，立意自定，题目自拟，不少于800字。

（4）阅读下面的材料，根据要求写作。

我们在长辈的环绕下成长，自以为了解他们，其实每一位长辈都是一部厚书，一旦重新打开，就会读到人生的事理，读到传统的积淀，读到时代的印记，还可以读出我们自己，读出我们成长时他们的成长与成熟，读出我们和他们之间认知上的共识或分歧……

十八岁的我们已经长大，今天的重读，是成年个体之间平等的心灵对话、灵魂触摸，是通往理性认知的幽径。请结合自己的生活阅历深入思考，围绕“重读长辈这部书”写一篇作文。

要求：①自选角度，自拟标题；②文体不限（诗歌除外），文体特征鲜明；③不少于800字；④不得抄袭，不得套作。

（5）阅读下面的材料，根据要求写作。

墨子说：“视人之国，若视其国；视人之家，若视其家；视人之身，若视其身。”英国诗人约翰·多恩说：“没有人是自成一体、与世隔绝的孤岛，每一个人都是广袤大陆的一部分。”

“青山一道同云雨，明月何曾是两乡。”“同气连枝，共盼春来。”……2020年的春天，这些寄言印在国际社会援助中国的物资上，表达了世界人民对中国的支持。

“山和山不相遇，人和人要相逢。”“消失吧，黑夜！黎明时我们将获胜！”……这些话语印在中国援助其他国家的物资上，寄托着中国人民对世界的祝福。

“世界青年与社会发展论坛”邀请你作为中国青年代表参会，发表以“携手同一世界，青年共创未来”为主题的中文演讲。请完成一篇演讲稿。

要求：结合材料内容及含意完成写作任务；选好角度，确定立意，明确文体，自拟标题；不要套作，不得抄袭；不得泄露个人信息；不少于800字。

二、聚焦关键，明确概念

【问题描述】

在审题过程中，有的考生可能会犯这样的毛病：只抓住材料中的只言片语，或者只抓住自己所感觉到的材料的表面意思，便沿着这意思一直写下去，将材料的核心词、关键词弃之不顾，下笔千言，离题万里。还可能出现这样的问题：不能准确把握材料中关键词的含义，将其内涵缩小或放大，或是改用其他概念来替换原有的关键词。

【解决良方】

上述问题通常出现在较复杂的作文题目的审题过程中，聚焦材料内容的关键，可以参考下面的步骤。

首先，初次阅读材料，要留意提取材料中的关键信息。通过圈点勾画，提炼出材料中的主要信息或概念。

其次，从已提取的信息中确定或提炼出一个或一组核心概念，进而围绕核心概念进行论点表述。题目的核心概念，可能是出现最频繁的，可能是出现在主旨位置上的，也可能是“站位”最高的……这些都只是核心概念的外显特征，其背后反映着核心概念的本质特点——能与材料中的其他信息或概念都发生关联。

写作时紧紧扣住确定好的核心概念，一般便不会再偏题离题了，除非考生没能正确理解核心概念的内涵。要正确理解概念的内涵，还需要注意以下几点。

第一，要注意把握材料和提示语的限定性和导向性。命题者之所以给出相关材料和提示语，便是希望借助这些话语将考生往命题者所期望的写作方向上引导。

有时，考生对核心概念的理解会过于宽泛。对于同一个概念，不同的材料和提示语可以引出不同的写作内容。某些概念较为笼统，单从概念本身来看难以明确写作方向，这时便需要借助材料和提示语来将原本宽泛的概念缩小范围。例如，题目要求围绕“人生哲理”进行写作，同时材料中大量出现“苦与乐”“荣与辱”“方与圆”“智与愚”等表述，便应当意识到，命题者期望考生思考的“人生哲理”是矛盾的对立统一，此时如果写“己所不欲勿施于人”“日久见人心”等与材料意蕴不太相关的内容，便显得不合时宜了。

有时，考生对概念的理解又太过具体和狭窄，忽视了对材料的整体把握和提示语中概念之外的意蕴。常见的错误是“望文生义”，只重视表面的内容，而忽略了概念的深层次含义。例如，一则材料为我们描绘了一位认真细致严谨、努力追求创新、超越世俗功利的工匠形象，如果考生阐释“工匠精神”时只提及“认真细致严谨”，而忽略“努力追求创新”“超越世俗功利”等深层含义，其文章自然会显得单薄平庸。工作认真细致的人，不一定是“工匠”，同时符合上述三个特征，才是一名够格的工匠。同时把握“工匠精神”概念的三重内涵，才能称得上深刻。

因此，审清题目对概念的限定和导向，才能保证考生的写作思维模式与题目内在文脉的贯通。

第二，要避免偷换概念。写作中出现“偷换概念”，通常可以归因于考生对相关概念及其近似概念的含义把握不清。解决这一问题，一方面有赖于同学们在写作时忠实于原文和原表述；一方面有赖于同学们加强积累，培养自己对语言文字的敏感度。对于这方面能力较弱的同学来说，提取到核心概念后，最好不要轻易改变其表述，否则便可能使所用概念的含义与范围发生变化，导致写作过程中偏题离题。

此外，同学们还要在平日里多下功夫，注重近义词的辨析与积累，在语言生活中自觉督促自己准确用语，在遣词造句时经常进行推敲打磨；这样才能使自己少犯甚至不犯偷换概念的错误。

【案例分析】

下面举例介绍作文审题时把握核心概念及其内涵的方法。请看2012年上海卷。

根据以下材料，选取一个角度，自拟题目，写一篇不少于800字的文章（不要写成诗歌）。

人们对自己心灵中闪过的微光，往往会将它舍弃，只因为这是自己的东西。而从天才的作品中，人们却认出了曾被自己舍弃的微光。

从材料中，我们可以提取出如文中所勾画的几个概念和信息。稍作整理，我们可以将这些概念和信息分为三组：

自己—天才

闪过—舍弃

微光

我们发现，前两组词，都能与第三组“微光”发生关联：第一组词，可与“微光”组成定中短语，作“微光”的定语；第二组词，又可与“微光”组成动宾短语，作“微光”的谓语。这些证据表明，将“微光”确定为该题的核心概念，是较为合理的。

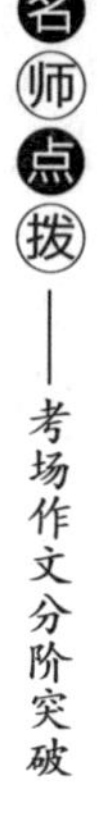

在进行构思和写作前，有必要准确理解此处“微光”这一概念的含义。此处的“微光”，显然是一种隐喻，不能理解为其本义“微弱的光亮”，更不是什么“日光”“月光”，要进一步探究这一隐喻的本体。就材料看，此处“微光”的内涵有如下几个方面：其一，它应当是自己心中的；其二，它是微弱的、不强大的；其三，它是容易被放弃、舍弃的；其四，它为凡人和天才所共有，又造就了两者的区别。

由此出发，可以将“微光”投射为偶然出现的想法，抑或是还未来得及付诸实践的理想。找准核心概念并正确理解其内涵后，便可以开始下一步的写作了。

下面再举一例。请看下题。

阅读下面的材料，根据要求写作。

一只蚌跟它附近的另一只蚌说：“我身体里有个极大的痛苦。它是沉重的、圆圆的，我遭难了。”另一只蚌怀着骄傲自满的情绪答道：“我赞美上天，也赞美大海，我身体里毫无痛苦，我里里外外都舒舒服服的。”这时，有一只螃蟹经过，听到了两只蚌的谈话。它对那只里里外外都很健康的蚌说：“是的，你感到很舒服。然而，你的邻居承受痛苦，却孕育着一颗美丽的珍珠。”

以上材料引起了你怎样的联想与思考？请选择一个角度构思作文，自主确定立意、文体及标题；不要脱离材料内容及含义的范围作文，不要套作，不得抄袭；不少于800字。

从材料中，我们可以提取出文中所勾画的几个概念和信息。稍作整理，我们可将这些概念和信息分为三组：

一只蚌—另一只蚌

痛苦—舒服

美丽的珍珠

我们可以发现，前两组词都能与第三组“美丽的珍珠”发生关联：珍珠存在于一只蚌中，却不存在于另一只蚌中；痛苦是因为正孕育着美丽的珍珠，舒服是因为蚌壳内空空如也。据此，可以判定“美丽的珍珠”是材料的关键。

显然，“美丽的珍珠”也是一种隐喻，而不能简单地理解为“具有光泽的装饰品”。单就“装饰品”一层含义来写的作文必然是肤浅的，因而有必要对“美丽的珍珠”这一概念的内涵做进一步地辨析。首先，“美丽的珍珠”是受人喜爱的、令人瞩目的；其次，痛苦和磨难是孕育“美丽的珍珠”的必要条件；最后，不是所有的主体都能拥有“美丽的珍珠”，贪图舒适必然没有“美丽的珍珠”。

由此出发，我们可以将“美丽的珍珠”理解为历尽艰辛而达成的辉煌成就。把握这样的内涵后，再进行下一步的写作。

【拓展演练】

1. 请辨析下面一组概念

要求：先独立进行辨析，再查阅工具书抄录相关概念的解释（表1–1）。

表1–1

概念	你的理解	工具书的解释
平庸		
平凡		
平淡		

2. 请尝试确定下面题目的核心概念

要求：通过勾画批注等形式，体现你的思考。

阅读下面的文字，根据要求作文。

古人说：“言为心声，文如其人。”性情褊急则为文急促，品性澄淡则下笔悠远。这是说作品的格调趣味与作者的人品应该是一致的。

金代元问好《论诗绝句》却认为“心画心声总失真，文章宁复见为人”。艺术家笔下的高雅不能证明其为人的脱俗。这意味着作品的格调趣味与作者人品有可能是背离的。

对此，你有什么看法？写一篇文章阐明你的观点。

注意：①题目自拟，观点自定。②明确文体，不得写成诗歌。③不得少于800字。④不得抄袭、套作。

3. 分析对话题的概念理解

某同学以“包容”为话题写了一篇议论文，下面是文章各主要段落的首句。请尝试运用本节所学知识，分析他对话题的概念理解是否得当。

小的时候，包容是接受幼儿园老师发给自己的最后一个又酸又小的苹果……

长大了一些，包容是代自己心仪的女生受过……

老了以后，包容是“不在乎”儿女在外面闯荡而忘却了自己……

____

____

____

____

三、分析指令，落实任务

【问题描述】

有的考生缺少分析具体任务要求的意识，不能根据提示语审视任务指令的具体要求，或是囫囵吞枣、断章取义，抓住个别字句便匆忙下笔。

【解决良方】

命题者总会在作文题目中设置写作任务，以达到考查目的。写作前不明确好任务，自然不可能完成好写作任务，也无法交出能令人满意的答卷。

设置交流语境、指定写作任务、明确写作指令，是近年来作文命题的大方向。写作任务越具体，就越能防止宿构和套作，越能考查考生的临场应变能力，越能反映考生的真实水平。因此，任务驱动型作文越来越受到各方的关注。

任务驱动型作文因其写作任务指令明确而得名。其他类型的作文不是没有任务规定，只是题目所给的写作任务涉及的方面不多，指令也可能不太明确，但也同样需要重视。写作任务始终是作文题的核心，也是考生进行写作的依据。要落实写作任务，就要对题目中的指令性文字进行认真分析。概括地讲，作文题目的任务指令，一般可以包含如下几方面。

1. 文体方面

文体要求是最普遍的要求。有的作文题目对文体有明确限制，如“写一篇议论文”“写一封信”；有的要求比较宽松，如“文体不限”“文体自选，诗歌除外”等。需要注意的是“文体不限，文体特征明显”这类表述，它说明命题者要求考生创作具备某一种文体的典型特点的文章，而不可文体杂糅，或四不像；还应注意特定文体的格式要求，如书信须具备称呼、问候语、落款等内容。

2. 内容方面

有的作文题目会直接给定写作内容或范围，如命题作文、半命题作文、话题作文，以及一部分任务驱动型作文“请就××发表你的观点/写一篇××”；有的作文题目虽未明示写作内容和范围，但要求紧扣材料进行写作，如传统材料作文要求“不要脱离材料的内容与含义”，以及一部分任务驱动型作文会问“对此，你怎么看”等；还有的作文题目允许在材料的基础上进行适当发散，如新材料作文会问“以上材料引发了你怎样的思考和联想”，以及一部分任务驱动型作文要求“联系实际”“结合你的经历”等。要注意题目的特别要求，如要在文中合理引用材料等。

3. 立意方面

一些作文题会给出多则材料，或给出的材料涉及多个人物、方面。此时需要格外留意题目要求——有的题目要求综合全部材料开展写作，有的题目要求选取部分材料进行组合并自主确定立意，有的题目则要求选取一则材料或一个人物、一个方面。需要特别注意题目的特殊要求，如在作文中体现材料间的权衡与比较、选取的材料间要形成有机的关联。

4. 情境方面

一些作文题，尤其是任务驱动型作文题，往往会在题目中营造特定的情境氛围。不同场合之下，面对不同的人，人们所说的话自然不尽相同。因此，考生需要多留意题目中给出的情境信息，并努力想象自己正处于题目所述的环境之中，这样写作才能取得更好的表达效果。如果是面向大众的演讲活动，需要重点关注文字的感召力；如果是面向同学的班会发言，要注意用语亲切，避免空话、套话；如果是给长辈写信，则需要尤其注重礼节与问候……

总而言之，准确把握作文的任务要求，需要一切从题目出发，精读细读作文题目，努力发掘相关信息。此外，也要尽可能多地了解不同写作任务的不同可能表述，以养成对相关任务指令的警觉性和敏感度。

【案例分析】

下面举例演示分析作文题目写作任务要求的方法。请看2017年全国I卷：

阅读下面的材料，根据要求写作。

据近期一项对来华留学生的调查，他们较为关注的“中国关键词”有：一带一路、大熊猫、广场舞、中华美食、长城、共享单车、京剧、空气污染、美丽乡村、食品安全、高铁、移动支付。

请从中选择两三个关键词[1]来呈现你所认识的中国[2]，写一篇文章帮助外国青年[3]读懂中国[4]。要求选好关键词，使之形成有机的关联[5]；选好角度，明确文体[6]，自拟标题；不要套作，不得抄袭；不少于800字。

1. 文体方面

从第6处勾画可知，本文没有文体限制，但要求明确文体、文体特征明显。

2. 内容方面

从第2处勾画可知，本文的写作内容已经给定，即“你所认识的中国”。

3. 立意方面

从第1处勾画可知，本文要求从材料给出的12个关键词中选出两到三个，作为基础进行立意。从第5处勾画可知，本文对材料选取和立意有特别要求，即选取的材料需要通过特定的谋篇布局来形成有机的关联，而不可随意选择、任意构思，如“京剧”“空气污染”二者便很难构成必然关联。

4. 情境方面

从第4处勾画可知，写作本文的目的，即文章适用的场合，是帮助他人读懂中国，因此要注意行文的晓畅、明快、易懂，介绍的事物要有代表性、普遍性，要有“以小见大”的效果。从第3处勾画可知，文章的受众是“外国青年”，“外国”的身份属性要求文章用语不能过于艰深晦涩，也要求考生用中国的灵魂、世界的眼光向读者讲述中国的故事；“青年”的身份属性还要求考生用平易的口吻跟同辈交流，展现出青春的活力……

下面再举一例。请看下题。

阅读下面的材料，根据要求写作。

材料一：在选择职业时，我们应该遵循的主要指针是人类的幸福和我们自身的完美。不应认为，这两种利益是敌对的，互相冲突的，一种利益必须消灭另一种的。人类的天性本身就是这样的：人们只有为同时代人的完美、为他们的幸福而工作，才能使自己也过得完美。

——摘自马克思《青年在选择职业时的思考》

材料二：十年前，你问起学生最想成为的职位是做什么，大多数人都会告诉你，他们想当“科学家”“老师”“警察叔叔”，等等。到了今天，据新华网的职业意愿调查显示，超过一半95后最向往的职业是主播和网红，参与调查的大部分是大学生。很多大学生认为：靠读书来改变命运，需要寒窗苦读二十余载；而当一个网红，似乎只需要你对着屏幕唱唱歌聊聊天。

——摘自搜狐网《当下大学生最想成为的职业：网红主播？》

一个时代有一个时代的择业观，而当代青年的择业观不只是个人的事，还与社会、国家息息相关[1]。

以上材料引发了你怎样的联想和思考[2]？请在学校的职业生涯规划课[3]上，写一篇发言稿[4]和同学们[5]交流。

要求：角度自选，立意自定，题目自拟；不得脱离材料内容及含义的范围作文；除诗歌外，文体不限；不少于800字；不得抄袭、套作。

1. 文体方面

从第4处勾画可知，题目设置了文体限制，要求考生写一篇发言稿。需要注意发言稿的格式要求，如称呼、问候、致谢、落款等。

2. 内容方面

从第1处勾画可知，本文的写作主题比较明确，考生要围绕“当代青年的择业观”问题进行写作，并且对择业观的探讨要从个人、社会、国家等层面展开，不能只从个人角度。

3. 立意方面

从第2处勾画可知，题目要求考生在文章中主要谈自己的联想与思考，因此文章要观点明确、体现自己的意见。

4. 情境方面

从第3处勾画可知，文章的适用场合是学校的职业生涯规划课，这是较为正式的场合，要注意措辞的得体与规范。从第5处勾画可知，发言是面向自己的同学们，因此要注意语气亲切、用词平易，不要“高高在上”，也不要显得太过拘谨。同时，考生本人也是一名中学生，因此发言要符合中学生的身份、展现中学生的风貌。

【拓展演练】

请参考上例的分析方法，尝试解读下列作文题目的写作任务，并在题目中勾画出相关依据。

（1）阅读下面的材料，根据要求写作。

①天行健，君子以自强不息。

——《周易》

②露从今夜白，月是故乡明。

——杜甫

③何须浅碧深红色，自是花中第一流。

——李清照

④受光于庭户见一堂，受光于天下照四方。

——魏源

⑤必须敢于正视，这才可望敢想，敢说，敢作，敢当。

——鲁迅

⑥数风流人物，还看今朝。

——毛泽东

中国文化博大精深，无数名句化育后世。读了上面六句话，你有怎样的感触与思考？请以其中两三句为基础确定立意，并合理引用，写一篇文章。要求自选角度，明确文体，自拟标题；不要套作，不得抄袭；不少于800字。

（2）阅读下面的材料，根据要求写作。

我选择的立场就是继续成为这样一个思考者和批判者，如果可能的话，也想成为一个预警者，无非是盛世危言嘛。我希望被嘲笑，希望自己所有的担心都落空，非常希望。

——北京大学教授　戴锦华

做一个建设者，永远比做单纯的希望砸烂它取而代之的批判者，更难能可贵。

——马海祥

不仅当一个批判者，也要做一个建设者。

——《人民日报》

班级计划召开班会，围绕上述几种观点进行讨论。对于“批判者”与“建设者”，你将作何选择？请写一篇发言稿，向同学们展示你的思考与权衡。

要求：结合材料，选好角度，确定立意，明确文体，自拟标题；不要套作，不得抄袭；不得泄露个人信息；不少于800字。

（3）阅读下面的材料，根据要求写作。

“五一”期间，重庆杨家坪步行街，图书论斤卖。一搭建的流动书店内全场图书每斤售价为18元人民币，吸引不少市民选购。购书现场很热闹，选购者踊跃，书籍种类繁多，包括时下的畅销书、中外名著等，还有不少装帧精美的精品书。此事引发网友热议：有人认为图书当萝卜白菜卖，是不尊重知识文化；有人认为有买有读，才能体现书的文化价值，利于知识的传播；也有人认为，这种销售方式可以冲淡人们对电子读物的喜爱，一定程度上缓解人们的手机依赖症。

对此，你怎么看？你更赞同网友的哪一种观点？请将你的看法写成一篇议论文，体现你的思考。要求选好角度，确定立意；明确文体，自拟标题；不要套作，不得抄袭；不少于800字。

【参考示例】

（一）了解特点，判断类型

（1）新材料作文。材料呈现了与“爱国”相关的数条名人名言，题干出现了“以上材料触发了你怎样的思考和感悟”，而没有涉及情景、文体、对象等任务指令性的表述，据此判断为新材料作文。

（2）任务驱动型作文。材料呈现了一个争议性问题的对立观点，题干设置了“你是创造生活的‘作家’”的情境，需要考生就“如何对待你的‘读者’”发表自己的看法，要求就事论事，任务指令明确，据此判断为任务驱动型作文。

（3）传统材料作文。材料是一则寓意明确的寓言，题干要求考生从寓言的寓意出发写议论文，并不得脱离寓言的内容与含义。属于典型的传统材料作文。

（4）话题作文。尽管给出了材料，但题干要求“围绕‘重读长辈这部书’写一篇作文”，这是话题作文的题目表述，据此判断为话题作文。

（5）任务驱动型作文。材料中有与“本国和外国”相关的几句话语，题干设置了“世界青年与社会发展论坛”的情境，要求考生以“世界青年”为对象，写一篇演讲稿。任务指令明确，属于典型的任务驱动型作文。

（二）聚焦关键，明确概念

（1）平庸：寻常而无为，含贬义。平凡：不稀奇，不突出，中性，可含褒义。平淡：平常，没有曲折和起伏，中性。

（2）核心概念：文品与人品（或：作品的格调趣味与作者的人品）。文品，即文艺作品的品级、风格与格调；人品，即人透过言行体现出来的思想素质与道德修养。观点示例：逢文先勿论人品，且以作品论英雄。

（3）不得当。偷换概念，将“包容”同“容忍”等概念混淆。包容与容忍的区别在于，包容是积极地尝试接纳与自己不同的言论观点、行为举止和生活方式，容忍是消极地对损害自己正当利益的行为忍气吞声。对其他同学提出的反对意见，即使错误，也可以包容；对老师发给的又小又酸的苹果，只能算作容忍。“代人受过”既不是包容，也不是容忍，这离题更远。儿女有缺点，父母可以包容；儿女不孝顺，父母只能容忍。文章的问题在于相邻概念反复混淆，造成主题从头到尾的混乱。

（三）分析指令，落实任务

（1）文体：不限文体，但要明确文体。内容：就材料所引名句谈感触与思考，要合理引用。

立意：选择两到三句作为基础进行立意。

情境：无特别要求。

考生应明确每个诗句的含义，然后选出两三个不同的在含义上有内在逻辑关联的句子，并按每个句子含义的共同点，如因果关系，来确定一个立意。考生既可以集中论述两三个名句的相通内涵，如以①⑤为基础探讨自强奋发、敢作敢为；也可以辩证思考由两三个名句组合生发的新含义，如以③④⑤为基础，讨论自信与正视问题、开放进取之间的关系；考生还可以深入研析个人、国家、社会以及三者之间的关系，如以①③④⑤为基础，探究如何全面提升个人的人格境界，或以②⑤为基础，表现个人对家国情怀、社会现实的关注与思索，或以③⑤为基础，论说坚持自我与承担社会责任之间的关系等。

（2）文体：发言稿。

内容：就“批判者”与“建设者”谈思考。

立意：从“批判者”“建设者”中作选择，不一定两者选其一，要体现自己的思考与权衡。

情境：班会，面向同学。

（3）文体：议论文。

内容：就“图书论斤卖”谈看法。

立意：从网友的三种观点中选取认同的一种作为立意，要体现自己的思考。

情境：无特别要求。

问题二：如何解决立意粗糙陈旧的问题

一、多维审题，确定最佳

【问题描述】

有的材料可以从多个角度立意，但并非所有角度都是最佳角度。对于可多角度立意的材料，如果审出一个角度就匆忙开始写作，便有可能导致立意肤浅或随意，错失最佳立意，无法取得满意的分数。

【解决良方】

阅读材料时，除了把握材料的大意和主旨，还要尝试从不同的角度和方面来看待材料的中心事件或核心思想，以求得到更多的立意可能，进而选取最佳立意角度。

要确定最佳立意，首先要揣摩命题人的情感倾向。如果命题人在材料中表现出了鲜明的褒贬立场，则最佳立意通常是偏向"褒"的一方；如果命题人只是在材料中罗列多个人物或事件，则应当灵活处理，争取做到综合全面，把握共性、客观评价优劣。

通常说来，最佳立意深度、高度、广度三者兼具。最佳立意一定是经过深入思考而得的，绝不会停留在事物的浅层表面；最佳立意一定是理论联系实际的、具有现实的，而绝不是脱离实际、违背常理的；最佳立意一定是充分反映、体现、覆盖材料整体内容的，而绝不只是从材料局部的只言片语得出的。

此外，最佳立意有可能是因人而异的，特别是在新材料作文中。由于鼓励新颖见解和独到观点，淡化"核心立意""一类立意"概念，新材料作文的写作自由度得到了较大的提升。此时不必太过执着于"最佳"立意角度的选择，自己哪个角度的积累更丰富、哪个角度的认识更深刻、哪个角度的问题能分析透彻，就从哪个角度展开写作。适合和利于自己写作的立意，才是最佳立意。当然，这并不意味着可以随意写作。无论怎样立意，都要具有深度、高度、广度，也不要脱离材料的含义与内容，不能违背社会公共价值取向和道德观念。材料所能产生的意义是多元的，但不是无限开放的。

近年来，有不少高考作文题，都体现和回应着时代的关切。面对这类题目，要尤其注意在立意和写作时融入家国情怀和现实关怀。那些将个体成长同社会与时代相结合的文章，往往能够获得高分。

【案例分析】

下面举例说明多角度审题并确定最佳立意的方法。请看2010年福建卷：

阅读下面的材料、根据要求写一篇不少于800字的文章。

还在念大学的时候，雅科布·格林与威廉·格林兄弟俩的脑子里一直萦绕着这样一个假设：几百年来，流传在民间的故事或许与人类发展的历史暗藏联系。为此，兄弟俩付出了极大的努力，共收集整理出八十六个传说。但他们无论如何也找不出这些传说和人类发展史的联系。于是他们把厚厚的笔记往书架上一搁，又开始了其他工作。

后来，一个朋友偶然发现了这本笔记，立刻联系了柏林一家出版社，把这些故事结集出版。这本故事集至今已经再版两万多次，印刷量超过一个亿，曾被四十多个国家翻译成五十多种语言。这本故事集就是世界各国儿童耳熟能详的《格林童话》。

要求：选择一个角度构思作文，自定立意，自选文体，自拟标题；不要脱离材料内容及含义的范围，不要套作，不得抄袭。

这则材料分为两部分，主要人物分别为格林兄弟和他们的朋友。两部分材料通过“笔记的命运”这一线索串联起来。

以“格林兄弟”为主语，可以归纳出下面的事件：格林兄弟努力收集和研究民间故事，因为感到研究无果，而将笔记束之高阁。以“格林兄弟的朋友”为主语，可以归纳出下面的事件：格林兄弟的朋友发现了格林兄弟的笔记，将文稿交给出版社结集出版。以“笔记”为主语，可以归纳出下面的事件：格林兄弟整理的笔记一度被束之高阁，后在朋友的联系下得以出版，并最终成了经典名著。

我们发现，以“笔记”为主语进行归纳，最能概括材料事件的全貌。对材料的较好的理解与思考，应当是建立在这本笔记的命运变化之上的：笔记因为格林兄弟的努力付出而具有了价值；而没有朋友的发现和联系，笔记的价值难以实现，格林兄弟的努力也可能落空。因此，“什么原因造成了笔记的命运变化”是材料中最值得思考的一点。

如果单从格林兄弟的角度出发，通篇写“坚持”的意义，批评格林兄弟的未能坚持、功亏一篑，固然是不离题，但立意总归过于平庸和狭窄——这片面强调格林兄弟一方的努力，而忽略了朋友在笔记命运变化过程中起到的重要作用；单从格林兄弟朋友的角度出发，通篇写“偶然发现”的重要性，这又似乎是将偶然视为必然，忽略了格林兄弟自身的努力和笔记自身的巨大价值。

从整则材料来看，《格林童话》的出版发行只是一个偶然的机会，但它大放异彩的背后，其实蕴含着必然的因素，即格林兄弟的努力和笔记的固有价值。由此探讨“偶然与必然”“努力与机遇”等的辩证关系，不失为一种很好的立意角度。

下面再举一例。请看下题。

阅读下面的材料，按要求完成作文。

猪八戒拾到一面镜子，洋洋自得地照了起来。可是他从镜子里看到的是一个朝天鼻子大耳朵、核桃眼睛尖嘴巴的丑八怪，顿时火冒三丈：“你这妖镜，竟敢把我老猪丑化成如此模样，真是狗胆包天。”说完，举起九齿钉耙将镜子砸得粉碎。当八戒再看地上的镜片时，镜片无论大小，每个镜片里都有一个丑陋的猪八戒。

要求：①自选角度，自拟题目，但不得脱离材料。②文体不限，诗歌除外。③不少于800字，用规范汉字书写。

这则材料主要讲述的故事是，猪八戒看到镜中的自己如此丑陋，便怪罪于镜子，认为是镜子的丑化，却未曾意识到是因为自己的丑陋。

猪八戒是事件的主体。从猪八戒的拒绝承认自己的不足出发，可以谈“自知之明”的可贵之处；从猪八戒想逃避自己丑陋的这一事实出发，可以谈“心胸宽广”的重要性；从猪八戒对镜子的“打击报复”出发，或许可以谈“权势无法改变事实”……

镜子是事件的客体。从镜子自始至终都呈现猪八戒原貌的角度出发，可以谈“实事求是”“坚持真理”；从镜子被打碎的遭遇出发，可以谈“敢于说真话的人不应遭到打击报复”……

这则材料可以从多个角度来立意。但上面谈到的几种立意，也存在优劣之分。

首先，镜子只是客体，“反映原貌”只是镜子的客观属性，而并非其主观意愿。如果仅是单方面颂扬镜子的“说真话”，自然显得不太合适。

其次，猪八戒相较于镜子的优势，只在于猪八戒可以将自己的主观意愿付诸行动，而镜子不具备这种能力也不可能拥有“主观意愿”，二者并不构成“权势”的差异。如果以“权势无法改变事实”来立意，难免显得牵强附会。

最后，心胸的宽广与否，很大程度上是由性格决定问题，而“江山易改，本性难移”，人的性格是难以改变的，要用一篇文章号召人们改变自己的性格，固然是可以的，但效果不一定会理想。

由此看，写自知之明的重要性，不失为一种很好的立意。

【拓展演练】

（1）请阅读下面的材料，尝试归纳出几种可行的立意角度，并选出你认为最好的一种。

一个人在自家地里挖出一尊绝美的雕像。他带着雕像找到一位酷爱各种艺术的收藏家。收藏家买了下来。回家的路上，卖主手里攥着钱，欣喜地自语：“我有钱了！”殊不知陈列室里，收藏家正在出神地端详着雕像，心里也在自语：“啊，多么美的雕像！”

____

____

____

____

（2）请阅读下面的材料，评价以下几种立意角度，并选出你认为最好的一种。

有人说，世界上只有两种动物能到达金字塔顶，一种是老鹰，一种是蜗牛。

角度一：无论自己实力高低，都要有勇攀高峰的精神和意志。

____

____

____

____

角度二：缺少优越的条件，要用勤勉来弥补；拥有出众的天赋，更需要善加利用。

角度三：超群的实力和过人的努力，都是成功不可或缺的条件。

角度四：要向老鹰和蜗牛学习登塔的本领。

二、组织语言，推敲表达

【问题描述】

确定立意后，有的同学对中心论点的语言组织、字句推敲不到位，出现了表意不够深刻、表达不够准确的问题。

【解决良方】

论点表达要注意措辞，要体察不同表述间的细微差异所带来的表达思想的差异，要通过对语言的推敲和打磨来达成思想的深刻。简言之，可以从如下几个方面入手。

（1）逻辑方面。逻辑是“确保‘真’能推论出‘真’”的思考工具。在日常生活中，我们不一定在意一件事情是否为真；而在作文中，尤其是说理性强的议论类作文中，要让自己写的文字可信，便需要用逻辑说话。下面是立论时需要注意避免的几种常见逻辑错误。

首先，要注意避免将必要条件与充分条件混淆的“绝对化”错误。例如，“只要努力就会成功”一句，将“努力”视作“成功”的充分条件。但事实上，仅有努力还不够，还需要正确的方法、适当的机遇等因素综合作用，才能达到成功。“努力”只是“成功”的必要不充分条件，因而，将表述改为“不努力则无法成功”或“努力赋予成功的可能”，才更为合理。

其次，要注意“类比失当”的问题。类比是基于两种不同事物或道理间的类似，借助喻体的特征，通过联想来对本体加以修饰描摹。需要注意的是，不是所有类比都是合理的类比，即使类比合理，也不代表本体和喻体完全等同。两件不同事物在某些方面具有共同点，不能说明这两件不同事物在另外一些方面也必然相同。例如，要写“理想”的重要性，以“理想好比大伞，为我们遮风挡雨”一句为论点，乍看之下生动形象，实则犯了“类比失当”的错误。大伞固然能为人们遮风挡雨，但“理想”的作用至多是让人们有前进的方向，却并不能为奋斗着的人们“遮风挡雨”，这便是说本体“理想”同喻体“大伞”之间并不具备“遮风挡雨”的共性，因而这样的类比是不妥当的。“类比失当”的错误十分常见和普遍，自己也不易察觉，因此不建议在论点表述中使用类比。

再次，应注意避免立论时的“非黑即白”倾向。“非黑即白”，即粗暴地使用伪“二分法”，把黑与白作为仅有的可能，而忽略和否认其他可能性的存在。例如，批判“啃老”现象，不是说不能向父母要一分钱；反对浪费粮食，不是说一滴油也不许剩；提倡努力奋斗，不是说一刻也不能休息；鼓励以国家利益为重，不是说一点个人利益也不许要……拟写论点时，要尤其避免表述有“非黑即白”之嫌，否则作文在他人眼中会大打折扣。当然，在两种对立观点间犹豫不决“和稀泥”，也是不提倡的。

最后，还须注意“循环推理”的问题。把有待证明的结论作为证明该结论的前提，而有待证明的前提又拿结论本身来证明，这导致两个命题都需要证明，但却把彼此作为互为证明的基础——这便构成了“循环推理”。立论时尤其要注意这一点。例如，“青春重在多元尝试，因为青春的意义在于尝试许多各种各样的事情”一句，便出现了“循环推理”的问题。

（2）风格方面。语体是语言为适应不同的交际需要而形成的具有不同风格特点的表达形式。为了满足特定交际需要而形成的语体，在语言材料的选择方面会有所偏爱。文章符合该类文章的语体特点，才算是好文章。

议论类文章是一种严肃的文体，属于书面语体的范畴，要求行文晓畅、说理透彻、语言精练、条理清晰。写这类作文需要尽量避免使用口语色彩浓重的语汇，以免语体杂糅、影响表达效果。立论时，中心论点中出现口语色彩重的表述，往往会令读者感到立论随意，从而影响整篇文章的说服力。例如，“要有自己的想法，不能被别人说的话忽悠”与“要有主见，不应为他人之言所蒙蔽”两句相比，后者显然表达更得当、更切合书面语体的特征。

此外，应当注意的是，议论文重说理重于文采，不属于文艺语体，因此不必刻意矫揉造作卖弄文字，而要努力确保自己的表达晓畅明快。立论也是如此，适当运用修辞格和艺术化语汇可以增强气势、加强表达效果，但这并不是说各种修辞手法运用得越多越好，也不是说散文化、诗意化的好词佳句使用得越多越好。议论文终究是要把道理讲明，玩文字游戏、不好好说话，效果可能适得其反。

（3）用词方面。用词的首要要求是“精准”。在立论时，不必急于下笔，可以先思考拟定论点中的每一个词是否都是最贴切地表达、词与词之间是否都能搭配得当。做到精准用词，一来可以使读者更容易地理解和领悟作者的思想；二来也可以给读者留下“严谨”“考究”的好印象。

“简明”也是用词的一大要求。不必追求“冷僻”“高级”以凸显自己的“学识广博”，相反地，这样会给读者带来糟糕的阅读体验——没有人愿意读一篇令人费解而本可以用更简明的文字写出来的文章。刻意追求所谓“高级词汇”，往往会给阅卷老师传递如下的讯号——文章没有什么立意和逻辑可言，只能依靠堆砌辞藻来放“烟幕弹”。

作家郑渊洁曾在《大灰狼罗克》系列童话中撰文讽刺了“不好好说话”的现象——不细细琢磨一番，谁又能明白“我体验我的巢温度超前，室内呈现激光，伴有细小颗粒气体和刺激性视觉感受”是罗克在向消防局报火警呢？“大道至简”，不难发现，文学大家撼人心魄的文字，往往简淡而平易近人。不少同学所拟的论点语言表达不理想，不是因为用的词句不“高级”，而是准确度不够。以“精准”“简明”为原则来遣词造句，足以支持自己拟出一句出彩的论点。

【案例分析】

下面举例说明立论时推敲字句以求表意深刻的方法。请看2015年湖北卷：

阅读下面的材料，根据要求作文。

泉水在地下蓄积。一旦有机会，它便骄傲地涌上地面，成为众人瞩目的喷泉，继而汇成溪流，奔向远方。但人们对地下的泉水鲜有关注，其实，正是因为有地下那些默默不语的泉水的不断聚集，才有地上那一股股清泉的不停奔涌。

请根据你对材料的理解和感悟，自选一个角度，写一篇不少于800字的文章，文体自定，标题自拟。要求：立意明确，不要套作，不得抄袭。

从“喷泉与泉水”的角度出发来立意，拟定如下论点：只有那种一直默默无闻积蓄力量积极向上的人生，才算得上是精彩的人生。

立意角度较好，但拟定的论点在语言表达上存在如下的问题。

首先，逻辑方面，论点将“一直默默无闻积蓄力量积极向上”视作“人生精彩”的必要条件，这是不妥当的——这无异于否定了“人生精彩”的其他可能性，显得过于武断。“一直默默无闻积蓄力量积极向上”只能算作“人生精彩”的充分条件。

其次，风格方面，论点表述显得过于冗长啰嗦，颇有“和尚念经”之感。“只有那种”“才算得上”等口语色彩较浓的表达，也与行文格格不入。

最后，用词方面，“默默无闻积蓄力量积极向上”固然不错，不过显然有更简明的替代表达——“厚积薄发”便是其一。

不妨考虑修改为如下的表述：厚积而薄发，人生足够精彩。

下面再举一例。请看2006年山东卷：

阅读下面这首诗，根据要求作文。

星星

雷抒雁

仰望星空的人
总以为星星就是宝石，
晶莹，透亮，没有纤瑕。

飞上星星的人知道，
那儿有灰尘、石渣，
和地球上一样复杂。

读这首诗可以产生不同的联想或感悟。请根据你的联想或感悟写一篇文章。

注意：①联想与感悟要与整首诗的寓意有关。②立意自定。题目自拟。③不少于800字。④除诗歌外文体不限。

阅读材料，可以提炼出“理想与现实”这组核心概念。以此来立意，拟定如下的论点：理想不现实，努力都白搭；理想很丰满，现实很骨感。

该论点五字一句，看似整齐有新意，但还存在如下问题。

（1）逻辑上，论点有明显的褒贬倾向，第二分句甚至是在否认“理想”存在的合理性与必要性，存在“非黑即白”之嫌——只因材料中指出了“仰望星空”的负面，便花大量笔墨来抨击“理想”，这是不可取的。

（2）风格上，论点中的“都白搭”“很丰满”“很骨感”等表述都太过口语化，放在严肃的议论文中，有“不正经”之嫌，这会影响文章的说服力。

（3）用词上，从该论点的表述来看，原作者似乎并未准确把握所谓“理想”的内涵。“理想”之所以称为“理想”，便因其合理、有根据；不现实的、过于“丰满”的“理想”，只能称作“幻想”。文章要批判的是幻想，而不是理想。

由此，不妨将论点修改为：不要一味沉溺于无端的幻想中，也不能让放飞的理想湮没在无情的现实里。

【拓展演练】

（1）请同学们准备围绕“为人处世的方与圆”写一篇文章。请参考上例的分析方法，指出上述所拟论点存在的问题，并尝试拟写一句更好的论点。

要求：先从逻辑、风格、用词三方面分析原论点的问题，再拟写新论点。

人这一辈子别太圆滑，必须始终都要坚持原则、锋芒毕露。

____

____

____

____

（2）指出下列观点存在的逻辑错误，并简要分析。

观点一：好好活就是干有意义的事，有意义的事就是好好活。

____

____

____

____

观点二：敌人的敌人就是朋友，敌人的朋友也是敌人。

____

____

____

____

观点三：覆水难收，变淡的友情也难以挽回。

____

____

____

____

观点四：文化差异是文化冲突的根源，消除了文化差异，就能使各国人民和睦相处。

____

____

____

____

【参考示例】

（一）多维审题，确定最佳

（1）（从卖方的角度）不要被钱蒙蔽双眼，贪小便宜吃大亏；（从买方的角度）要培养审美意识，懂得欣赏美；（从大理石的角度）雕像得归其所，从这一点看，人应该找准自己的位置实现自身价值；（综合来看）这两个人的价值取向不同，各人的追求也不同，从这一点上谈人的追求与价值取向，谈人的精神追求与审美情趣是切合题意的。这两个人合作互利，都从中得到了自己想要的东西。谈合作互利双赢也是符合题意的；综合角度为最佳立意角度。

（2）角度一偷换概念，将方法问题偷换为能愿问题；角度二正确并全面理解了材料内涵，是最佳立意；角度三曲解文意，没有超群的实力也可以通过努力来取得成功的机会；角度四立足于材料字面含义，过于肤浅。

（二）组织语言，推敲表达

（1）逻辑上，摈弃“圆”而极力提倡“方”，有“非黑即白”之嫌；风格上，“人这一辈子别”口语色彩重，“必须始终都要”重复啰嗦；用词上，“锋芒毕露”使用不当。新论点示例：为人处世，既要有方的棱角，也要有圆的柔和。

（2）观点一：循环推理。观点二：非黑即白。观点三：类比失当。观点四：非黑即白、推理绝对化。

问题三：如何写好有价值的写作提纲

一、思维介入，串“总论点”

【问题描述】

同学们走上考场，通常会先选择看题审题，作文也会纳入到整体的审题（大多仅限于立意）过程中来，然后就按照平时的做题顺序安排答题。写作通常会放到最后时间段来完成，而在写作之前多数人是不会构思写作提纲的。考试时间有限，到我们正式写作的时候来不及写作文提纲就直接“下水”；更多的人则是思维模式单一，不知道怎么构思作文提纲。

【解决良方】

在反复不断地搭建写作提纲的过程中，同学们需要掌握一种“自然而然”的思考方式和撰写模式。为了让我们的构思路径能够拥有一条主线，让我们的写作提纲能够纳入到整体的写作构思中来，我们需要的不仅仅只是撰写作文提纲本身，还需要掌握整体的写作构思路径，从而在反复不断地练习和锤炼中形成固定的思维方式。我们不妨采用“2+3+2”思维模式（七段式）的整体构思方式（图1–1）。

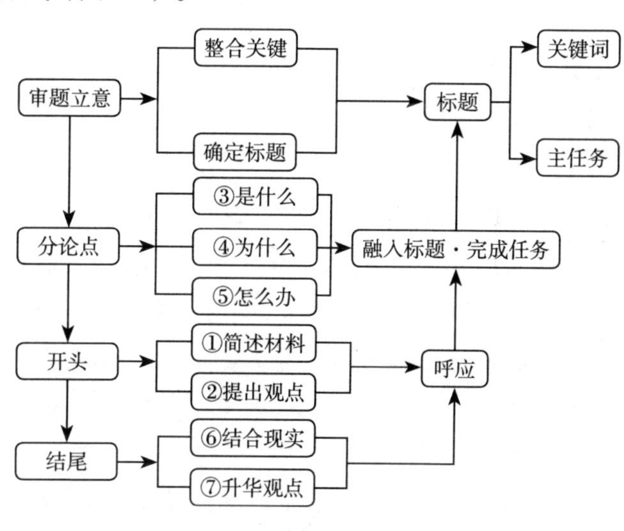

图1–1

第一步根据写作材料，进行审题立意，整合其中的关键词，确定标题；第二步根据标题，从“是什么”“为什么”“怎么办”中选择其一，确定三个分论点；第三步撰写开头，将材料简述与观点提出融入其中，用两段作首；第四步思考结尾，在总结分论点的基础上，结合现实，升华观点，用两段作尾。

【案例分析】

阅读下面的材料，根据要求写一篇不少于800字的文章。（60分）（2016年全国卷三）

历经几年试验，小羽在传统工艺的基础上推陈出新，研发出一种新式花茶并获得专利。可是批量生产不久，大量假冒伪劣产品就充斥市场。小羽意识到，与其眼看着刚兴起的产业这么快走向衰败，不如带领大家一起先把市场做规范。于是，她将工艺流程公之于众，还牵头拟定了地方标准，由当地政府部门发布推行。这些努力逐渐见效，新式花茶产业规模越来越大，小羽则集中精力率领团队不断创新，最终成为众望所归的致富带头人。

要求：综合材料内容及含意，选好角度，确定立意，明确文体，自拟标题；不要套作，不得抄袭。

1. 审题立意

整合关键：推陈出新、假冒伪劣、规范、公之于众、创新。

确定标题：君子之道，正之以德。

2. 分论点（本处用“怎么办”）

（1）君子之道，在于“心”。

（2）君子之道，在于“新”。

（3）君子之道，在于“行”。

3. 开头

（1）小羽携君子之道，摒歪风邪气，正之以德。

（2）在市场即将崩盘之际，一股不正之风开始盛行，假冒伪劣产品如“过江之鲫”“附骨之疽”一般倾泻而来，小羽力挽狂澜，将工艺流程公之于众并做好市场规范，最终拯救市场成为众望所归的致富带头人。真可谓君子之道，坦荡荡也！

4. 结尾

（1）受市场自发性制约，当今市场可以说是鱼龙混杂，假冒伪劣产品充斥其中，我们先后遭受苏丹红、三聚氰胺、黑心棉、长生疫苗之毒。在这条道路上，我们何去何从？作为个体，小羽给了我们答案。

（2）小羽，君子也。小羽之行为，守之以心，革之以新，持之以行，正之以德矣。如真君子一般坦荡荡，可谓“真”亦为“正”。所以，放下一些东西，像小羽一般，放下她的“工艺流程”，做一个坦荡荡的君子吧！

【拓展演练】

阅读下面的材料，根据要求写作。（60分）（2018年全国卷三）

① 时间就是金钱，效率就是生命——特区口号，深圳，1981；

② 绿水青山就是金山银山——时评标题，浙江，2005；

③ 走好我们这一代人的长征路——新区标语，雄安，2017。

要求：围绕材料内容及含意，选好角度，确定立意，明确文体，自拟标题；不要套作，不得抄袭。不少于800字。

（1）审题立意。

整合关键：______________________________

确定标题：______________________________

（2）分论点（本处用“______________”）。

分论点一：______________________________

分论点二：______________________________

分论点三：______________________________

（3）开头。

①______________________________

____

②______________________________

____

（4）结尾。

①______________________________

____

②______________________________

____

二、解构标题，定“分论点”

【问题描述】

同学们拿到作文题目后，会在心中快速拟定自己的作文标题。标题作为一篇文章的“文眼”，它在写作提纲的架构中扮演着十分重要的角色。因此，一个好的写作提纲，首先需要一个好的作文标题。在好标题的基础上，同学们就可以开始建构自己的写作提纲，确定自己的分论点。但是，写作提纲的先行者——“标题”和“分论点”在拟定的过程中往往会出现以下问题：

（1）标题形式过于自由，内容假大空，成为摆设；

（2）标题与分论点之间没有形成逻辑关联。

【解决良方】

同学们在搭建写作提纲的时候，首先需要根据作文材料拟定作文标题，然后围绕标题来进行提纲构思。为了建立标题与分论点之间的逻辑关联，我们不妨采用“1+2”或者“1+N”的整体构思方式。

1.“1+2”式提纲

“1”指的是对称式的标题，这类标题重在“雅”，强调文学性和审美性，如化用诗句，巧用成语；“2”指的是将标题拆分为相互对照或对立的2个分论点。

2.“1+N”式提纲

“1”指的是一句话式的标题，这类标题重在“俗”，强调实践性和通俗性，如：以______方式书写（打开）______，给______“洗洗脸”（“瘦瘦身”/“松松绑”），把______镌刻在时代的坐标轴上，不要让______变成______，书写某人在场的“______”；“N”指的是将标题扩写为相互补充的N个分论点。

【案例分析】

观察下面的漫画（图1-2），根据要求写作。（60分）

要求：结合漫画信息，选好角度，确定立意，自拟标题；不要套作，不得抄袭；不得泄露个人信息；不少于800字。

图1–2

分析：漫画的关键信息为“教育”，上下两个部分的图画信息告诉我们教育成了一个固定的模板，它按照统一的标准把所有学生都培养为一成不变的样子。这是在教育的发展过程中，我们面临的比较普遍的“伪教育”现象。通俗意义来讲，这就是模式教育、机械式教育，它不能坚持以生为本，不能尊重学生自身的发展规律。因此，同学们的立意可以围绕教育的不良现象来展开。

1.“1+2”式提纲

（1）标题：教育去“模”，师者从“心”。

（2）分论点一：教育去“模”，在尊重差异的环境中挖掘个性。

（3）分论点二：师者从“心”，在深切关怀的氛围中坚持本性。

2.“1+N”式提纲

（1）标题：给教育“洗洗脸”。

（2）分论点一：洗去“急功近利”之风，给孩子的成长留下慢慢生长的时间，增加教育的厚度。

（3）分论点二：洗去“大包大揽”之气，给孩子的成长留下自由生长的空间，增加教育的温度。

（4）分论点N：洗去……

【拓展演练】

1. 请运用“1+2”式提纲，为下面的作文题拟写提纲

阅读下面的材料，根据要求写一篇不少于800字的文章。（60分）

10月20日晚，一位叫“吾君”的网络小说家发微博称自己的作品被他人剽窃用于广告设计。有网友通过各种方式“人肉”出涉嫌剽窃的人。22日下午，记者致电该员工所在公司，公司表示，已着手调查此事。

要求：结合材料内容及含义，联系社会实际，选好角度，确定立意，明确文体，自拟标题，完成写作任务；不要套作，不得抄袭。

标题：____________________

分论点一：____________________

分论点二：____________________

2. 请运用“1+N”式提纲，为下面的作文题拟写提纲。

阅读下面的材料，根据要求写一篇不少于800字的文章。（60分）

2019年度文化传播人物、YouTube上知名度最高的中国网络红人李子柒，以中国传统美食文化为主线，用镜头记录春耕夏种、秋收冬藏、三时三餐、四季流转、青山绿水、乡村田园的农家生活。这些视频备受网友追捧。无数外国网友留言：“她让我爱上中国文化”“求英文字幕跟进”；也有网友质疑她的视频是展示中国的“落后”，其发布的关于农耕生活的视频无法代表当今中国社会的全貌，甚至是对中国形象的抹黑，因此无法承担“中国文化输出”这一重任。

西方的文化体系，宣传更多的是宗教信仰、历史名人、“黑科技”和英雄主义等。也有人指出，世界上有些国家和民族历史源远流长，文化丰富多彩，有很多值得思考和挖掘的东西。

每个国家有每个国家的故事，每个国家的故事有属于自己的传承方式。请根据以上材料，从下列角色中任选一个角色，以其身份向有关部门写一封你对“讲好本国故事”的倡议书。

（1）拥有千万粉丝的网红、明星或者博主。

（2）中国网友。

（3）国内时事评论员。

（4）青年学生。

要求：结合材料，自选角度，确定立意；切合身份，贴合背景；符合文体特征；不要套作，不得抄袭；不得泄露个人信息；不少于800字。

标题：____________________

分论点一：____________________

分论点二：______________________________

分论点三：______________________________

三、紧扣论点，补“活素材”

【问题描述】

同学们在列提纲的过程中，很少会把论据（素材）列出来，基本上是边写作边思考需要选取哪些材料，所以在论据的选择和使用上会出现如下问题：

（1）素材单一，脱离现实生活，大多是古人古事；

（2）素材演变为单纯地讲故事，脱离论证，使用方式不灵活。

【解决良方】

同学们在简单地列完提纲后，可以按照一定的顺序为每个分论点匹配素材。素材匹配的基本原则为：①素材多样，古今中外、正反相结合；②一句话展现素材与排比式展现素材相结合。

【案例分析】

我们以前面的漫画提纲为例。

（1）标题：教育去“模”，师者从“心”。

（2）分论点一：教育去“模”，在尊重差异的环境中挖掘个性。

素材：莎莉文老师在尊重个体特征中成功将海伦·凯勒渡向幸福的彼岸；孔子在尊重学生个性中成功将门人引向不同的天地；陶行知在尊重孩子天性中成功将学生导向精彩的人生。

（3）分论点二：师者从“心”，在深切关怀的氛围中坚持本性。

素材：张贵梅老师扎根大山深处，始终坚守以生为本，11年间让1600名学生走出大山。

【拓展演练】

阅读下面的材料，根据要求写作。（60分）

① 2019年8月9日，华为在美国的打压下，正式推出鸿蒙系统，预示着中国突破了安卓和IOS系统的垄断，有了属于自己的操作系统。

② 70年风雨兼程，70年沧桑巨变。2019年9月23日，“伟大历程辉煌成就——庆祝中华人民共和国成立70周年大型成就展”在北京展览馆开幕。成就展采用编年体形式，全方位回顾和感知了共和国走过的光辉历程：13个五年规划和计划，70年非凡成就；150个第一，70年创新突破；4个家庭场景，

70年民生变迁；7面英模墙，70年奋斗足迹。

③ 2019年12月20日，是澳门回归祖国20周年的纪念日。澳门特区政府贯彻执行“一国两制”和基本法，完善维护国家安全的体制机制，促进经济适度多元发展，增进民生福祉，赢得社会各界好评。

④ 2020年是具有里程碑意义的一年。2020年我们将全面建成小康社会，实现第一个百年奋斗目标。2020年也是精准脱贫攻坚决战决胜之年。时光正在见证中国共产党和中国人民筚路蓝缕、胼手胝足创造的人间奇迹。

请综合材料内容及含义，面向全体中国青年写一篇演讲稿，体现你的认识和思考，并提出希望与建议。

要求：自选角度，确定立意；切合身份，贴合背景；符合文体特征；不要套作，不得抄袭；不得泄露个人信息；不少于800字。

（1）标题：________________________________

（2）分论点一：______________________________

素材：________________________________

____

____

____

（3）分论点二：______________________________

素材：________________________________

____

____

____

【参考示例】

（一）思维介入，串“总论点”

1. 审题立意

整合关键：1981——时间就是金钱，效率就是生命；2005——绿水青山就是金山银山；2017——走好我们这一代人的长征路。

确定标题：应时而变，发展为本。

2. 开头

（1）艰难的岁月挡在改革发展之路上，但同时瑰丽的时光终将在你我的眼中静静徜徉。

（2）前辈留给子孙的摇钱树啊，叶落百川，奔流四方。“时间就是金钱，效率就是生命”催促着发展的步伐；“绿水青山就是金山银山”糅合着发展的多维；“走好我们这一代人的长征路”凝聚着发展的精神。

3. 分论点（本处用“怎么办”）

（1）淌在时间的河流里，坚守发展之初心。

（2）站在历史的长路上，遵守发展之规律。

（3）处在改革的浪潮里，回归发展之本源。

4. 结尾

（1）虽然改革的道路漫长，路上荆棘丛生，社会问题复杂，人心亟须凝聚。但是属于我们的最好的时代已经来了。改革的这条长征路燃着青春的热血，带着过程的芬芳，已然向我们走来，历史已经在开始谱写它的新篇章。

（2）前路漫漫，国人须立志，为国为民，坚守初心，实乃吾辈之幸也！

（二）解构标题，定“分论点”

1. 请运用“1+2”式提纲，为下面的作文题拟写提纲

（1）标题：自创新作，坚守本心。

（2）分论点一：自创新作，于创新的世界里实现人生意义的突破。

（3）分论点二：坚守本心，在方圆的规则里寻找社会价值的证明。

2. 请运用“1+N”式提纲，为下面的作文题拟写提纲。

（1）标题：把青年之行镌刻在文化传承的坐标轴上。

（2）分论点一：青年之“行”，照创新之镜，扩展具有个性化文化传承之宽度。

（3）分论点二：青年之“心”，照责任之镜，增加具有思想性文化沉淀之深度。

（4）分论点N：青年之……

（三）紧扣论点，补“活素材”

（1）标题：一路中国心，一路风雨行。

（2）分论点一：心是初心，是为国为民的初心，是精诚团结，砥砺奋进的初心，是执着追寻中国梦的初心。

素材：清政府施行虎门销烟，守的是决绝护国之心；民国掀起辛亥革命，守的是革命立国之心；新时代坚持改革开放，守的是发展壮国之心。

（3）分论点二：行是前行，是攻坚克难的前行，是坚持改革，不断创新的前行，是执着追寻中国梦的前行。

素材：当代“愚公”黄大发带领200余名村民历时36年三次修渠，绕过三重大山，跨过三道绝壁，穿过三道险崖，用双手成就“时代之楷模”，写下脱贫的动人故事。

问题四：如何“花式”点题

一、不厌其烦，鲜明点题

【问题描述】

同学们，在开始学写议论文的时候，你对作文主旨的表现是否总是“犹抱琵琶半遮面”？对作文中心论点的表达是否太过曲折与含蓄，缺少点题意识？阅卷老师往往要在你的文章中“披沙拣金”，才能找到这篇议论文的核心观点，这是考场作文的大忌。我们应该尽可能地在作文的关键位置准确点题，并且采用各种方法去渲染和突出作文的主题，用很强的视觉冲击力去打动和吸引阅卷老师，这样才能帮助你在紧张的考场上完成一篇规范的考场作文。

【解决良方】

点题，就是在恰当的地方用简明扼要的语句点明中心论点或者中心论点中的关键词，达到揭示作文主旨和全文脉络层次的目的。点题非常重要，有时候一个点题的关键词、一句点题的关键性的话，就会救活一篇考场作文！

首先，我们要找准位置，准确点题，从而让阅卷老师对这篇作文的观点和立场一目了然。要做到这一点，作文就必须开门见山和卒章显志。

开门见山，即作文的开头部分必须把中心论点亮出来。标题最好包含论点关键词，开头第一段在适当的引入之后必须点明中心论点，在引入的过程中还可以加入关键词来点题。卒章显志，即结尾应该与题目和开头形成呼应，通过再次强调中心观点或者论点关键词来点题，从而升华主题，并使文章的结构更加完整。

同时，我们要让主题关键词频繁出现，反复点题，这是突出作文主题最积极有效的办法。这里的反复是相对而言，它既不是乱点题，也不是滥点题，而是指在作文必要的位置重复出现论点句或者论点关键词，以便步步勾连，彼此照应，使作文浑然一体，使作文主题得以强化。

具体来说，我们可以在作文的标题、主体段落的开头和结尾、文章的结尾部分通过不断重复主旨关键词来达到反复点题、突显中心的目的。我们还可以通过文中某一段或者结尾段落集中、频繁的几句含主旨关键词的文字，以强大的视觉冲击力，多方面反复强调以实现最大限度的点题效果。

【案例分析】

例1：

请认真阅读以下作文题目的例文，判断其标题、开头段落、结尾段落是否准确点题；如果没有，请进行适当的修改来使其准确点题。

阅读下面的文字，按要求作文。

英国前首相劳合·乔治有一个习惯——随手关上身后的门。有一天，乔治和朋友在院子里散步，他们每经过一扇门，乔治总是随手把门关上。“你有必要把这些门关上吗？”朋友很是纳闷。“哦，当然有这个必要。”乔治微笑着对朋友说：“我这一生都在关我身后的门，你知道这是必须做的事。当你关门时，也将过去的一切留在身后，不管是美好的成就，还是让人懊恼的失误。然后你才可以重新开始。”

请以上文的“关门”为话题写一篇文章。

例文标题：一切都会过去

开头：“悄悄的我走了，正如我悄悄的来，我挥一挥衣袖，不带走一片云彩。”何其洒脱，何其旷达！人生的征程又何尝不是如此？潇洒地告别过去，无论是成是败，是悲是欢，只有真正地把它们放下才能有崭新的收获。

……

结尾：在艰难无助的时候，在笑看风云的时候，告诉自己：一切都会过去的！

分析：这篇作文在开头和结尾的关键位置都没有关联话题“关门”，也就是没有准确点题，这样很容易被判为偏题作文。其实只要稍加修改，在关键位置点题扣关键词，就可以把这篇作文变成切题作文。

我们可以做如下修改：

标题：面对过去，学会“关门”

开头：“悄悄的我走了，正如我悄悄的来，我挥一挥衣袖，不带走一片云彩。”何其洒脱，何其旷达！人生的征程又何尝不是如此？潇洒地告别过去，无论是成是败，是悲是欢，只有真正地学会“关门”，把过去关在身后，才能有崭新的收获。

……

结尾：在艰难无助的时候，在笑看风云的时候，告诉自己：学会“关门”吧，因为一切都会过去的！

例2：

做真正的自己

在枫叶上的露珠，红红地闪烁，多美丽啊！在荷叶上的露珠，苍白地滚动，多凄凉啊！可这美丽，只是露珠凭借枫叶的烧红才得以闪烁，也只是露珠凭借荷叶洁白的玉肌才显得动人。它只有附在别人的身上，才能折射出光彩。可我们呢？我们有我们的精彩，我们也有我们的色彩！折射的光彩是别人的，自我散发的光彩才是真正缤纷的。朋友，我奉劝一句：做真正的自己，莫要做透明的露珠。

做真正的自己，是自信的表现。……

做真正的自己，是人生的大智慧。……

做真正的自己，是时代的召唤。……

露珠只会折射别人的光芒，我们将它嘲笑；露珠只会依靠别人的颜色，我们将它否定。做真正的自己，方能光芒四射，方能五彩缤纷，方能为世人所赞同。

分析：这篇文章的题目和中心论点句都突出了作文的主旨，即做真正的自己。开头部分的引入通过强调自我的光彩来突出关键词“真正的自己”，中间主体部分三个分论点句再次扣作文的主旨“做真正的自己”，结尾也呼应标题和开头，用“做真正的自己”的意义来总结全文，升华中心。这篇文章通过从头到尾反复点主旨句“做真正的自己”来突显中心，从而使整篇议论文观点鲜明，结构清晰。

【拓展演练】

（1）用“开门见山”和“卒章显志”的点题方法，完成以下作文题目的标题、开头和结尾部分。

甲、乙两个好朋友吵架，乙打了甲一拳，甲在沙地上写了“今天我的好朋友打了我一拳”。又一次外出时，甲不小心掉进河里，乙把他救了上来，甲在石头上刻了“今天我的好朋友救了我一命”。乙问甲为什么要这样记录。甲说：“写在沙地上，是希望大风帮助我忘记；刻在石头上，是希望刻痕帮助我铭记。”

生活中，有许多事情是可以忘记的，有许多事情又是需要铭记的。请以“忘记与铭记”为话题，写一篇不少于800字的文章。

标题：________________

开头：________________

____

____

____

结尾：________________

____

____

____

（2）阅读下面文字，按要求作文，并在文章中注意反复点题。

杜维明教授说过这样一句话：“有些事情你不做，有的是人做。有些事情你不做，没有人做，做了也不见得有效果，不见得被人称道。但是你做和不做，就是不一样。”

要求：①自选角度，自拟标题；②文体不限（诗歌除外），文体特征鲜明；③不少于800字；④不得抄袭，不得套作。

二、逻辑分析，暗中扣题

【问题描述】

同学们，你已经学会了在作文中通过对中心句、主旨关键词的重复表述来点题，这种方法简单易操作，但是有时候会有“贴标签”的嫌疑。“贴标签”就是把点题句和前后的内容强行粘在一起，这样的语段缺乏逻辑思考，同时也削弱了文章的论证力度。你知道段落前后总结概括性的句子要回扣中心句或关键词，但却忘了在论证段落中间分析的过程中也可以点题。所以我们除了学会明面上的点题，还要学习如何通过逻辑分析来暗中扣题，这样你的考场作文才不会出现“偏题”的危机。

【解决良方】

1. 道理阐释，暗中扣题

在作文中，直接重复中心句或者关键词固然是一种明面上的点题方法，通过对中心句或者关键词的道理阐释更是一种逻辑层面的暗中扣题方法，这种方法不仅可以强调作文的主题，更能提升整篇议论文的思维层次，使作文的论证更加深入。

我们可以通过以下三种方法来对主旨关键词进行道理阐释：其一是下定义的方法，即对作文核心概念的性质、实质、意义等做出具体阐释；其二是拆词法，即把关键词先拆成更小的单位分别阐释内涵，然后再合并生成整个关键词的内涵；其三是比较辨析法，即选择与关键词相似的概念来比较辨析，通过二者的不同之处来突出关键词本身的内涵。

2. 叙例分析，再次点题

同学们的议论文主要靠举例来证明论点，那么我们可以学着在叙述事例内容的时候明扣或者暗扣作文的关键词。列举事例之后还要对例子进行分析论证，在分析的过程中我们还可以通过再次点题来使作文的逻辑更严密、中心更突出。

【案例分析】

例1：下定义法

（1）中心论点：被需要的心态可以助力人生。

何谓“被需要”之心？这是一种渴望被他人重视、实现自身价值的主观愿望，是一种个人积极向上的渴求，渴求自己能在社会上派上用场，能为他人带来帮助。它体现的是一种正能量的因时应事的心态，与之伴随的是个人价值的实现。

（2）中心论点：我们青年人应该培养自身器量，这样才能成为国之重器。

何为“器量”？器量既指一般意义上包容他人的气度，也指个人追求进步的主观意愿；是外圆内方的处世之道，也是重剑无锋、大巧不工的朴素之道。器量是一个人包容他人、包容世界，承受住精神压力的一种能力。器量不是一种天赋，而是可以通过后天有意识地培养来获得的一种品质。一个拥有器量的人，会由内而外地散发一种宽厚温润的气质，让人们想要去亲近和信任。一个拥有非凡器量的人，才能在心里装得下他人、国家，才承受得住无数的挫折与巨大的荣光，才能使国家变得强大。这样的人可称之为“国之重器”。

分析：用下定义的方法来阐释核心概念需要采用下定义的句式，即（需要阐释的关键词）是/指（……定语）的宾语。我们首先要找准宾语，即这个概念的性质或实质属性，接着再去找与这个概念有关联的定语，把这个句子补充完整就可以了。

例2：拆词法

“信”为相信、虔诚，能放下身段，以坚定之心面对心之所向；“仰”为仰望，抬头向上看，以敬畏之心追寻更高远的目标和更高层次的境界，担起世间责任。信仰，就是一种无论何时都会为某个目标而坚守的精神意识，人们以这种意识来作为做事的准则。

分析：这段话通过对“信”和“仰”的分别阐释完成了对“信仰”这个关键词的道理阐释。

例3：比较辨析法

生活中，我们可以成为平凡的普通人，但应该拒绝平庸。“平凡”与“平庸”有相通之处：两者都含有平平常常、普普通通的意思，都没有轰轰烈烈的壮举，也没有什么卓著的成就和伟业。但二者更有区别：“平凡”是中性概念，指人有一颗平常心，在普通岗位兢兢业业、任劳任怨地工作和生活；“平庸”则带有贬义，消极颓废、没有追求，无所事事、碌碌无为，随波逐流、自暴自弃。所以，我们可以做一个平凡的人，但不能成为一个平庸的人。

分析：这段话通过比较辨析“平凡”与“平庸”这对相似的概念来突出“拒绝平庸”的中心主旨。

例4：修改下面的论证段落，使其更加扣题

面对失败与不幸，学会关上痛苦的大门是一种大勇。2004年的雅典诞生了一个中国飞人——刘翔。从雅典到洛桑，再到多哈，23岁的刘翔成就了一个民族偶像的神话。12秒91的成绩让国人骄傲不已。因为就像他自己所说的那样：“谁说中国人不能进入世界前8名，我，是世界冠军！”刘翔的出现打破了欧美选手一个多世纪以来对这个项目的长期垄断，他从此改变了男子跨栏的历史。然而2008年在北京的鸟巢，夺冠变成了退赛，于是国人愤怒不已。但前不久的上海黄金大奖赛，刘翔又完美地复出，从而告别了阴霾的过去。的确，失意愁苦在所难免，但倘若深陷痛苦不能自拔，带着颓丧的情绪又怎么可能柳暗花明开创一个新局面呢？所以拿出勇敢和毅力吧，这样才能卸下包袱轻装上阵、重获新生。

分析：这个论证段落的论点句是“面对失败与不幸，学会关上痛苦的大门是一种大勇”，其中的关键词语应该是“学会关门”，但作者在叙述刘翔的事例时完全没有关联论点句或者关键词。接着在对事例进行分析时也没有扣题，从而导致整个分析论证的重心偏向“勇敢与坚强”，偏离了这个段落要论证的观点“学会关上痛苦的大门是一种大勇”。

我们可以做如下修改来使这段的举例和分析都能再次点题，从而使论证更充分。

面对失败与不幸，学会关上痛苦的大门是一种大勇。2004年的雅典，中国飞人刘翔的12秒91的成绩足以让中国人甚至全亚洲人感到自豪。然而2008年北京的鸟巢中，夺冠却变成了退赛，此后，沉沦、潜规则、阴谋、欺骗等流言如山压来，一年多来，刘翔勇敢地选择了悄然淡出国人的视线，把痛苦与颓丧关在门外，积极治疗，勤奋训练，终于在上个月的上海黄金赛中完美复出，从而告别了阴霾的过去。的确，失意愁苦在所难免，但倘若深陷痛苦不能自拔，带着颓丧的情绪又怎么可能柳暗花明开创一个新局面呢？所以拿出勇敢和毅力吧，学会关门，把一切痛苦、颓丧、愁苦、失意关在身后，这样才能卸下包袱轻装上阵、重获新生。

例5：叙例分析点题法

平庸容易，拒绝平庸却是困难重重。在我看来，想要领略到拒绝平庸的要义，就得做到坚持与努力。平庸者，本就无法与天赋异禀的人相匹敌，那自然需要付出比他人更多的坚持与努力。《阿甘正传》中，年幼的阿甘第一次奋力奔跑，挣脱了腿上的矫正器，也就挣脱了平庸。橄榄球赛上，拿到球却没搞清楚规则的阿甘一股脑儿地冲出了界限，也就冲破了平庸对他的局限。《当幸福来敲门》中，落魄的父子俩用不同寻常的方式行走于平凡的奔波路上，敲开幸福大门的同时，他们也关上了平庸的大门。摩纳哥王妃出身平平，从一名普通演员努力攀升到奥斯卡影后的位置，进入皇室之后，在复杂的政治斗争中，舍下自己重返银幕之梦，亲力亲为，撑起国家颜面，也抹去了自己“平庸出身”的质疑与标签……上天都赋予了他们一个平凡的出身，他们完全可以甘于平庸，作为一个普通老百姓，过着自己的小日子，健康地生活一辈子。他们可以在梦想前退却，在困难前畏缩，但他们拒绝如此，所以他们摆脱了平庸，辉煌地走过了绚丽的一生。

分析：这个论证段落的论点是通过坚持与努力来拒绝平庸，后面列举的三个事例在叙述过程中都回扣了论点“拒绝平庸”，对事例的分析也暗扣了论点，最后的总结句点明拒绝平庸的意义，和开头形成呼应。整个段落通过不断点题达到了论证充分、主旨鲜明的效果。

【拓展演练】

（1）请用下定义的方法对关键词“毅力”进行道理阐释。

毅力是一种____

____

____

____

（2）以“放下”为话题，请用比较辨析法来阐释“放下”的内涵。

____

____

____

____

（3）以“放下”为话题，写一个完整的论证段落，要求在举例和分析的过程中必须点题。

____

____

____

____

【参考示例】

（一）不厌其烦，鲜明点题

（1）用“开门见山”和“卒章显志”的点题方法，完成以下作文题目的标题、开头和结尾部分。

在忘记与铭记的两岸

席慕蓉说：“生命是一条奔流不息的河，我们都是那个过河的人。”在生命之河的左岸是忘记，在生命之河的右岸是铭记。我们乘坐各自独有的船在左岸与右岸间穿梭，才知道——忘记该忘记的，铭记该铭记的。

行走在人生路上，我们笑看窗外花开花落、叶枯叶落，静观天外云卷云舒、风停风起。在路上，我们经历着太多太多悲喜交集的事，在生命之河的航行过程之中，我们学会了忘记该忘记的悲欢之事，学会了铭记该铭记的点点滴滴。

……

这些是生命之河两岸的人生，这是忘记与铭记的选择。风吹起花瓣如同破碎的童年，荒凉的古乐诠释灵魂的落差，躲在梦与记忆的深处，听花与黑夜唱尽梦魇、唱尽繁华，唱断所有记忆的来路，由分明的笑和谁也不知道的不分明的泪来忘记该忘记的不快和琐碎，来铭记该铭记的深刻与永恒。

茕茕白兔，东走西顾，衣不如新，人不如故。航行于“生命之河”中，坐在自己独有的船上，知道——忘记在左，铭记在右，中间是无尽穿梭！

（2）阅读下面文字，按要求作文，并在文章中注意反复点题。

坚守本心，行我所行

人生有许多选择，有人在高楼坚守攀登；有人在深渊麻木沉沦；有人在选择中迷失本心，沉溺于权欲；有人在选择中丢失自我，走上不归路。

在浮躁的世界，坚守本心，行我所行，显得格外可贵，但也格外艰辛。

坚守本心，不随波逐流，盲从大众；不迷信专家权威，认真倾听自我的声音，以理性指导自我，行我所行，不放任自我，不机械地模仿他人；不违背自我，做我该做的，做我想做的。

坚守本心，更坚守住底线。“有些事情你不做，有的是人做”，一些有违道德良心的事，不可因为“别人也这么干”便让自己陷入其中。“不以善小而不为，不以恶小而为之”这句话大家虽耳熟能详，但现实生活中却有许多人违背了它：一群等待红灯的人在两三个率先迈开步伐后，无视指示灯，浩浩荡荡横扫大街；垃圾桶旁边的一块果屑使得周围的垃圾数激增……在这些微不足道的细节上尚且如此，又如何在巨大利益面前坚守本心？所以我们应从小事着手，在日常生活中，就不要忽略规则、忽略本心。

行我所行，乃至无论回报，“每一颗螺丝钉都有自己存在的意义”。居里夫人为了探究放射性元素“镭”的性质，搭上了青春年华、健康、美貌；伽利略为了追寻真理，亲自动手实验，告知众人，却遭受教皇等人迫害；苏格拉底为了维护民主，证明自我人格之清白，从容赴死，以生命来实现自我理想。这些为了真理、为了自由、为了理想而牺牲自我的人，他们的回报虽远不及付出，但他们就因此而黯然失色、失去价值了吗？那些默默无闻、奉献自我的人们，就逊人一筹、低人一等了吗？任何一个为实现自我价值而奋斗的人都值得尊敬！

当今社会确实是一个焦虑而富有挑战的社会。人们总是害怕自己的付出得不到理想的回报，不得不匆匆向前，害怕被时代抛下。利益至上的同时，本心又被遗落在何处？也许怀揣本心听起来不切实际，理想而又空泛，但我作为一个人，最珍贵的不应该是自我的思想信念吗？

坚守本心，不偏离方向，行我所行，不违背自我。

（二）逻辑分析，暗中扣题

（1）毅力是一种精神，是一种永远站着的精神；毅力是一种姿态，是一种永不倒下、坚强持久的姿态；毅力是一种能力，是一种克服艰难险阻的吃苦能力。

（2）放下，本意是把握着、提着或负着的物件从高处放到低处，抑或是搁置停止进行。而放下不等同于放弃，放弃是一种消极的、畏难的负面行为，是惧怕面对问题的逃离，是在困难面前放下一切的避世隐退。放下却有所不同，放下是对自己恶行舍弃以正德行，是对过去执念的放手以望未来，是在力所不及时的战略性撤退以重整旗鼓。放下可曰：舍得。所以放下是一种大智慧，有了放下才有了回报。孰舍孰得，是大智慧者在看清了大势所趋后的智慧抉择。

（3）放下名利，使我们拥有不拘于时的洒脱，让我们怀着不慕虚荣的心胸。不戚戚于贫贱，不汲汲于富贵，是《五柳先生传》中陶渊明的自述，也是他一生的写照。他的放下，在于“吾不能为五斗米折腰，拳拳事乡里小人邪”的傲骨。若不能放下名利，毅然辞官，他也许只能一辈子困于小小的县中，庸碌一生，无人提及。正是他的放下，成就了隐逸之士五柳先生。宋朝词人柳永，同样如此。“衣带渐宽终不悔”是他对那些浮名讥讽的回答。他的放下，在于“忍把浮名，换了浅斟低唱”的洒脱。他将封侯拜相的名利，换了才子词人的风流，换了秦楼楚馆中歌女的声声浅唱，也换了传唱至今的柳词。若是不能放下世俗的评价，不能放下对官场的执念，他又怎能写出那么美丽凄婉的词曲呢？放下，成就了他不凡的一生。所以，放下世俗名利的包袱，做洒脱行走世间的自由之客吧。

第二章

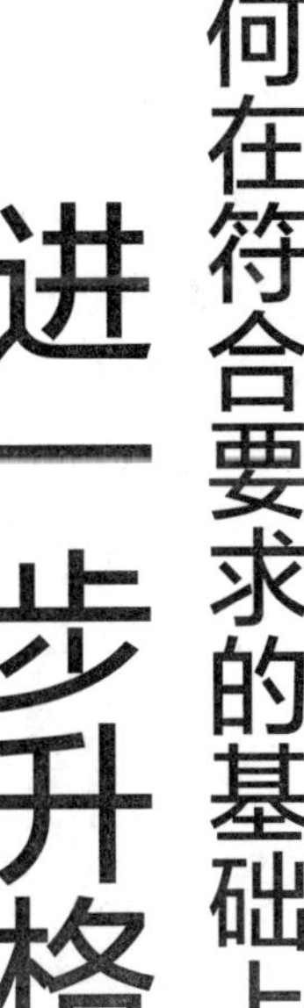

如何在符合要求的基础上进一步升格

问题一：如何让文章内容丰富充实

一、多向展开，层次丰富

【问题描述】

文章论证角度少，缺少多个层次，主要原因是找不到话说，勉强拼凑。一篇文章如果仅从单一的角度展开，虽然观点明确，也举出了一些事例，并做了分析，但因为只有一个角度，难免让人觉得内容单薄而肤浅，得分一般很难超过45分。

在高考阅卷场上，积累丰厚、内容充实的文章才受青睐。

【解决良方】

完成了审题立意，确定了中心论点，这时的难题便是如何围绕观点找话说，且要说得充分。怎样才说得充分？同学们应该从多个方向展开思维，构建多个层次，变单一角度为多个维度，变平面为立体。

大的方面，可从纵向和横向两个维度去思考，然后再切分小的角度。

1. 横向展开

横向展开其实很多同学都知晓，但实践起来却很难。有的无法想出多个角度，有的勉强提出多个分论点却难以形成一个合乎逻辑的序列。这些涉及一个人的发散思维和逻辑是否严密，关乎其思维品质。

我们回顾一下什么是横向展开。横向展开就是围绕一个观点，在同一个层面，从不同角度展开议论，体现并列关系。运用这种结构形式的关键，是对总论点从不同的侧面来加以认识，并能够并列地举出几个能说明总论点的分论点。

横向展开是对论点某一方面展开多方位思考，一定是在同一层面上多方位展开。

（1）从“是什么（内涵）”展开多方位论述。

（2）从“为什么（原因）”展开多方位论述。

（3）从“怎么办（措施）”展开多方位论述。

同学们平时可以有意识地训练自己的发散思维，养成对某个问题展开多角度思考的习惯。

2. 纵向展开

纵向展开也许对大多数同学来说更难一些。纵向展开反映思维的深度，是指围绕一个观点，从不同层面，逐层深入地展开议论，体现递进关系。各个层次之间层层深入，步步推进，先后顺序不可调换。它与横向展开的最大区别是“从不同层面”，体现认识的步步深入。纵向展开做好了，文章内容会更有深度。

【案例分析】

1. 横向并列式

例1：

中心论点：面对复杂的人生，我们要学会低头，以退为进。

分论点一：低头不是胆怯，而是一种大度。

分论点二：低头不是退避，而是一种礼让。

分论点三：低头不是自贱，而是一种沉潜。

分析：以上三个分论点是从“是什么”的角度设置的，且用了“不是……而是……”的句式，在分辨中突出正面的观点。试想，如果没有对“低头”作多个层次的具体阐释，那么“学会低头”的观点该是多么空洞而苍白！

例2：

中心论点：我们应该常怀爱国之心。

分论点一：爱国是一种热情，流淌在中华民族的血脉中。

分论点二：爱国是一种本分，交织在国家人民的相守相惜中。

分论点三：爱国是一种力量，凝聚于民族国家的奋力拼搏中。

分析：这三个分论点也是从“是什么”角度设置的，除了用“热情”“本分”“力量”三个关键词来诠释“爱国之心”，还分别进一步阐释为“流淌在……中”“交织在……中”“凝聚在……中”，内涵更丰富。

例3：

中心论点：不要轻易说“不”。

不要轻易说“不”，因为它传递着生命的坚强。

不要轻易说“不”，因为它显示出精神的力量。

不要轻易说“不”，因为它折射出坚定的信念。

分析：以上分论点从“为什么”角度阐释“不要轻易说‘不’”的观点，说原因，析理由，侧重于事理分析，理性更强。多重理由让文章内容更丰富，说服力更强。

例4：

中心论点：爱，需要我们用心来传递。

分论点一：请露出笑容，用真诚传递爱的心志。

分论点二：请道一声礼让，用宽容传递爱的感情。

分论点三：请伸出双手，用帮助传递爱的信号。

分析：以上分论点从笑出真诚、显现出宽容、伸出援手三个方面，阐述传递爱的途径和方法，回答了“怎么办”，将“需要我们用心来传递”的观点具体化，内容更充实。

以上例子让我们看到了在同一个层面从不同角度展开的对中心论点的思考。这些是最基本的模式，扎实掌握后还可以灵活变化，这是下一阶段的任务。

2. 纵向递进式

例1：

中心论点：问——打开真理之门。

分论点一：好问，就是对一切未知有一种探究欲，是问的基础。

分论点二：敢问，就是敢于向权威挑战，以求真知，是问的发展。

分论点三：会问，才能解决疑惑，真正发现真理，是问的结果。

分析：这三个分论点从纵向展开，从“好问”到“敢问”，再到“会问”，逐层深入论述中心论点“问——打开真理之门”，体现了纵向多角度展开的特点。

例2：

题目：孤独与幸福。

中心论点：孤独是幸福、安乐的源泉。

分论点一：孤独即意味着超越常人的旷达，它是获得幸福的前提。

分论点二：孤独让我们拥有内省的时空，它是享受幸福的条件。

分论点三：孤独要求我们与现实适当地保持距离，它是享受幸福的途径。

分析：以上三个分论点围绕孤独和幸福的关系，从孤独“是获得幸福的前提”，到“是享受幸福的条件”，最后提出孤独对我们的要求，层层深入，思路清晰。

纵向展开要求同学们具有较高的思想认识水平，且能清晰地呈现思维向纵深发展的过程。

【拓展演练】

（1）围绕中心论点，拟写三个分论点，要求用横向并列式。

中心论点：学会宽容。

分论点一：________________

分论点二：________________

分论点三：________________

（2）请以“在传承中坚守传统文化精髓”为中心论点，采用纵向递进式拟写提纲。

分论点一：________________

分论点二：________________

分论点三：________________

（3）阅读下面的文字，按要求作文。

在人类的追求中，“高度”历来是个散发着魅力的词。央视有段经典的广告词：“高度决定视野，角度改变观念，尺度把握人生。”一位著名企业家也说过：“世界上最难以征服的是自己，每前进一步，都是一个新的高度。”

要求：请以“高度”为话题，写一篇不少于800字的递进式议论文。立意自定，不要套作，不得抄袭。写作前先拟提纲。

中心论点：________________

纵向递进式。

分论点一：________________

分论点二：________________

分论点三：________________

二、有理有据，内容充实

【问题描述】

同学们虽然知道议论文事例论据很重要，但积累不够，提笔找不到材料，只能勉强想出一两个例子，所以只能详细叙述事例来凑字数。这种文章虽然字数凑够了800字，但明显容量小、内容单薄。还有部分同学所举事例虽然丰富，但缺少道理分析，缺乏理性思考，文章仍然缺少厚实感。另一种情况是只有道理分析，缺少典型事例来支撑，内容不充实，就像一个人只有骨架，没有血肉。

【解决良方】

好的议论文必须摆事实，讲道理，即有理有据。丰富的论据让文章内容充实饱满，有力的说理让文章深刻而厚重。

1. 论据充足

要做到论据充足，选例应全方位、多角度、多层次。

选例角度有：

不同的领域（政治、经济、军事、思想、文化等）。

不同的性质（正面、反面）。

不同的国别（中国、外国）。

不同的时代（古代、当代）。

事例可以点面结合，具体事例和概括性事例结合。概括性事例可以采用铺排的形式列举，既显得材料丰富，又很有气势。

选例还应注意选取人无我有、人有我新的论据说理，使阅卷者在阅读时产生新鲜感，效果会更好。

总之，要尽量做到事例充足，引用丰富，避免泛泛而谈，做到言之有物，增强文章的说服力和感染力。

2. 说理充分

同学们想想平时生活中的交流，我们向对方表明自己的观点态度后，是不是一般要讲“因为……”这就是从道理上阐述自己的观点。接下来是举事例，举出事例后还要对事例进行分析评价，揭示其中所蕴含的道理，说明其与观点的联系，使观点与论据形成一个有机的整体。

这样看来，“说理”包括两个方面：一是直接进行道理分析，二是透彻分析事例的内涵意蕴。

有些同学只会提观点和摆材料，既没有针对观点的道理分析，也缺乏对事例的剖析。论点和论据之间缺乏必要的联系的桥梁，论点是论点，论据是论据。论据失去了其应有的作用，论点孤立无援，也就失去了立足的依据。

这种不讲道理、不分析的议论文，论点无论怎样正确，也不足以服人；论据无论怎样充足，也不过是一堆零碎的材料。

同学们要明白，对文章进行道理分析，可以增加论证的深度，更能显示出你思维的缜密。“讲道理”是议论文写作不可缺少的重要组成部分。

【案例分析】

1. 论据充足

例1：

敬畏与自己无关的生命，此生崇高。鲁迅说：“无穷的远方，无数的人们，都和我有关。”我想，如果我们还可以对与自己无关的生命心存敬畏，则我们的生命一定可以更加崇高，正像尼采说的那样：“我的灵魂清澈而明亮，宛若清晨的群山。”如韩愈一般，为了天下苍生不受蛊惑，上《论佛骨表》，被贬潮州仍“敢将衰朽惜残年”；如新东方学校一般，为了汶川同胞重振希望，捐款支教，耗费巨大，获民政部“中华慈善奖”。陈先生，相信您十分清楚，这些人之所以值得我们敬佩，正是因为他们都能对那些与自己无关的生命心怀敬畏，方能普施大爱，让自己的生命清澈而崇高。

——《致陈先生的一封信：做个敬畏生命的人》

分析：先引用鲁迅、尼采的名言，然后列举韩愈、东林学派、新东方学校的例子，内容涉及古今中外，论据丰富充实，令人信服。

例2：

古人云，玉不琢，不成器……而那些饱受磨难与非议，在岁月与历史的长河中流传沉淀下来的，方为“和氏璧”，为“国之重器”。

泱泱华夏从来不乏“国之重器”。战国时期李冰建造都江堰，保一方水土，养一方人；秦朝蒙恬北筑长城而守藩篱，却匈奴七百余里；当代“我潘”（潘建伟）牵头研制成功的“墨子号”，重新定义中国量子通信；“南博士”南仁东建设的“天眼”，使中国“观宇”技术重登世界之巅。

诚然，这些物都是国之重器，但我想说，建设它们的人才是真正的“国之重器”。他们经历了太多艰难困苦：李冰提出设想时，朝中大臣大多反对，只有他默默坚持了下来；蒙恬幼年随父出征，多次险些被俘；“我潘”志向远大，却被人们认为是狂妄自大；“南博士”放弃城里优裕的生活，扎根在贵州大山里，数十年如一日。

分析：本段论据点面结合。先在“面”上概述，“在岁月与历史的长河中流传沉淀下来的，方为和氏璧，为国之重器”，给人以总体的印象。然后在“点”上分述李冰建造都江堰、蒙恬北筑长城、“我潘”牵头研制成功“墨子号”“南博士”南仁东建设“天眼”。四个“点”例代表了我国不同时期的“国之重器”，论据丰富，内容充实，增强了文章的说服力和感染力。

2. 说理充分

例1：

2018年上海高考作文：阅读下面的材料，根据要求写作。（60分）

生活中，人们不仅关注自身的需要，也时常渴望被他人需要，以体现自己的价值。这种“被需要”的心态普遍存在，对此你有怎样的认识？请写一篇文章，谈谈你的思考。

要求：①自拟题目；②不少于800字。

高考作文片段一：

生活中，人们不仅关注自身的需要，也时常渴望被他人需要，这种“被需要”的心态普遍存在。

有这样的心态，是因为它根植于人性深处对价值感的需求。它与马斯洛需求层次理论中的金字塔尖“自我实现”的需求息息相关。这一需求即使在历史的宏大叙事里也显而易见。四百多年前，机器被发明出来，人们惧怕工作被取代从而不再被需要，放火去焚烧机器，这就是英国历史上著名的“卢德运动”。在今天，人工智能引起的质疑也与对人的价值的磨灭的担忧密不可分。

但是，从更大的角度看，其原因还在于人的社会性。从客观上看，国家和社会出于稳定政治秩序的目的，宣传人们作为一个集体的意义，而弱化人的个体性。主观上，由于处于这种民族家国的意识形态中，人们不自觉地渴望被他人需要，不断通过在集体中找寻自己的位置、为集体做出贡献来实现自己存在的意义，构建安全感和认同感。

分析：文段围绕“‘被需要’的心态普遍存在”，分析产生这种心态的原因：①有这样的心态，是因为它根植于人性深处对价值感的需求；②从更大的角度看，其原因还在于人的社会性。再就这两点展开分析，说理深入、透彻，引人思考。

高考作文片段二：

这种“被需要”的心态还源于人们内心对理想不够坚定，对自我价值不

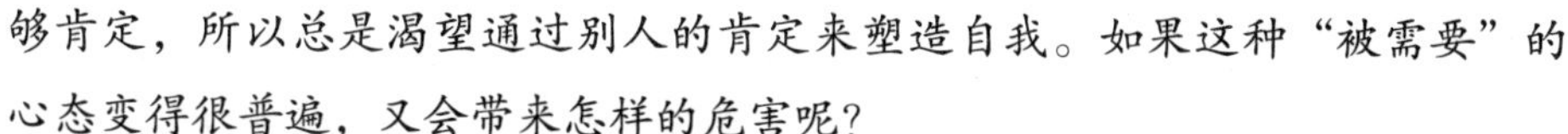

够肯定，所以总是渴望通过别人的肯定来塑造自我。如果这种“被需要”的心态变得很普遍，又会带来怎样的危害呢？

从个人来讲，人们会不断地追随他人的需要而最终迷失自我，因为如果时刻想着满足他人的需要，又怎会有暇顾及自己内心真正想要的东西呢？更何况，一百个人就有一百种需求，人非全知全能，又怎能什么都能满足呢？

从社会角度来讲，这种“被需要”的风气会让社会陷入“需要”与“被需要”的网，形成恶性循环。如果社会中人人不是需要别人干什么，就是觉得自己需要为别人干什么，那么，人类终究会演变成“索取”与“被索取”的关系，只会追随他人的意志，最终消磨多元的价值观，使社会不再多姿多彩。

分析：首先分析“被需要”的心态存在的原因，接着从个人角度与社会角度阐释此心态带来的危害。这段文字作者着眼于现象、原因、未来，用发展的眼光来看待战胜“被需要”心态的重要性，具有极强的思辨性。

例2：

现代社会中的“评价”，满足的是人们内心毫无意义的窥视欲。从微博和朋友圈的兴起，我们就可以轻易看出人们是多么喜欢用几秒的时间入侵他人生活并留下自己的评价痕迹这一行为。同学去旅游了，留下的是不相关的人的评价；明星发微博了，粉丝们状若疯狂地评价；亲戚晒孩子了，跟随着客气有礼的评价。这样的评价看似种类繁多，其实内容相似且空洞，是窥视他人生活后“到此一游”式的满足。但许多人认为这娱乐了自己也称赞了他人，何乐而不为呢？

——2016年上海卷优秀作文《评价与被评价》

分析：这是举例后分析的范例。首先指出“现代社会中的‘评价’，满足的是人们内心毫无意义的窥视欲”，然后举出生活中的各种例子，最后针对事例做简要分析，指出其实质，让事例很好地发挥了论证的作用。

【拓展演练】

（1）请根据论点“树立正确的人生坐标”选取典型论据。

____

____

____

____

（2）作文题。

移动互联网和智能手机可以使人随时随地联系，也容易使人的交流因习惯使用表情符号而变得程式化；高铁使李白“千里江陵一日还”的夸张想象变成现实，方便了人们的来往，也容易使人对远行和离别不以为意……科技的发展是增进还是减弱了人与人的情感？

根据以上材料，选取角度，自拟题目，写一篇不少于800字的文章。

练习：请分别围绕下面两个中心论点做道理分析。

观点1：科技促进了情感发展。

道理分析：________________________________

____

____

____

观点2：科技削弱了情感表达。

道理分析：________________________________

____

____

____

三、方法多样，论证充分

【问题描述】

有的同学写议论文不仅内容单薄，方法也单一，通常只会举事例，对论点缺少多种形式的论证，说服力不强，且平淡寡味。其原因是缺少运用意识，也缺少方法的储备。

【解决良方】

论证方法很多，大家比较熟悉的有因果论证，假设论证，比喻论证等。这些概念似乎都在同学们的脑子里，但在写作中缺少运用。这需要平时多训练方法的运用，多用才能内化掌握。

除了常见方法，还有一些有利于论证充分的路径和方法，下面重点介绍三种。

1. 阐释概念，论题清晰

对观点中的核心词语或整个观点句作出自己的解释，明确内涵，便于下文展开论述，否则内容含混，或空洞抽象。如“不忘初心”这个观点，如果不阐释“初心”为何物，这个观点该怎么深入论证？只能空喊口号。

又如“回到原点”这个观点，要想论证清楚，就必须阐释“原点”是什么，象征着什么，隐喻着什么，“回到原点”意味着什么，“回到原点”的意义与价值是什么。如果关键词的意思没有阐释清楚，就无法将自己的观点主张落下去。

2. 正反对照，内容充实

正面论证是常态，如果再加上反面论证，自然就多了一层，这是充实内容最简单而有效的方法。可以在分论点上体现正反对照，也可以在举事例时选用正反两方面的例子，一正一反，在对照中突出自己的观点。

对照式的文章，思路很清晰，正反论证也突显了论述的力度，同时可以从正反两方面使用素材来佐证，所以是考场中实用性很高的一种方法。

3. 联系现实，融入自我

有的同学没有联系现实和融入自我的意识，只说古人的事、别人的事，既没有挖掘现实意义，也缺少个人的情感和认识。这样的文章仍然给人贫乏单薄的感觉，缺少分量。这类同学往往缺乏对事物的认知和辨析能力，也缺少对现实世界的关注和思考。

现在的高考作文命题强调现实性和考生的思考感悟，同学们一定要关注现实、关注自我，关注两者之间的关系。在写作时要将自己的观点和现实联系起来进行分析阐述，在文章中融入自我，让阅卷者感受到这确实是你的思考和感悟。

联系社会现实，除了挖掘正面意义，还可以从反面入手，结合现实存在的问题来论述观点的重要性和必要性，从而提升文章的高度和格局。一般是先运用必要的转折性提示词语，如“反观当下……”“曾几何时……”等，指出社会现象；揭示实质或明确危害，并提出对策或引起反思。

还可引述时尚言论和当前媒体普遍关注的事例辅助说理，加强说理的针对性、时代感，使文章更具说服力。

如果整篇文章未能联系实际，无时代的活水，很难达到充分说理的目的。

【案例分析】

1. 阐释概念，论题清晰

例1：

中心论点：有底线的人生更精彩。

底线是最低的限度，是不可逾越一步的界线。就道德（伦理、人格、做人）而言，底线就是做人的基石，是处世最起码的准则，也是人们安身立命、维护自尊的法宝。人的心中都有无形的底线，时时制约着人们的行为。

分析：要论证“有底线的人生更精彩”这一观点，必须将“底线”的内涵阐释清楚。上段文字便是解释何谓“底线”，由“底线”的基本义谈到就道德而言的“底线”，明确了本文论述的重点。这与明确中心论点后立即直接提分论点相比多出了一层，明确了核心概念的内涵，使后文的论证更为落实。

例2：

“医者仁心。”白衣天使当是最能体现“仁”的韧性的人了。2016年“感动中国”入选者——成都市第三人民医院的骨科医生梁益建，作为国内首屈一指的极重度脊柱畸形矫正专家，多年来，他亲自主刀，挽救了上千个极重度脊柱畸形患者的生命。“自谦小医生，却站上医学的巅峰，四处奔走募集善良，打开那些被折叠的人生；你用两根支架，矫正患者的脊柱，一根是妙手，一根是仁心。”如此颁奖词，便是对“仁”的韧性的最高赞许。

——摘自2019年高考北京卷高分作文《文明的韧性》

分析：从“医者仁心”的话题切入，抓取“仁”字来揭示韧性的一个内涵，以梁益建为例，形象地阐述了救死扶伤的仁慈、仁爱之理。

2. 正反对照，内容充实

（1）从正反两方面设置分论点。

中心论点：认识自我。

分论点一：正确估价自己，既看到自己的长处，又看到不足，就会不断努力，不断前进。

分论点二：过高地估价自己，瞧不起别人，刚愎自用，不思努力，就会停滞不前。

分析：两个分论点一正一反，对照鲜明，明确了文章的两大层次。

（2）从正反两方面选取论据。

例1：

中心论点：从谏如流。

商纣王自高自大，一意孤行，最终落得个葬身火海的下场；唐太宗虚心纳下，开创了“贞观盛世”；楚怀王闭目塞听，弃屈子的诤谏于不顾，落得个客死他乡的结果；齐威王善于纳谏，门庭若市，赢得诸侯朝拜。这样的事例不胜枚举，真的是“从谏如流”势在必行！

分析：采用两组正反相对的事例，在行为和结果上形成鲜明对比，有力论证了“‘从谏如流’势在必行”。

例2：

纪念是内心情感的涌动，但又不是感情的无节制挥霍；纪念需要行动来升华，但又需要理性的引导。真正的纪念是心灵的回响，是历史的回音；它审视过去，启迪未来……

黑格尔曾经自夸德国人天生就是哲学家。然而就是这样一个天生严谨自律的民族，就在一个狂人的引诱下，陷入了战争的渊薮。60年前的那幕惨剧：生灵涂炭、妻离子散、血流成河……生者在对往者的审视中找到道德的标杆，也找到了纪念的理由。德国人用尽一切方法阻止时间淡褪那血色、稀薄那呼声：修建集中营纪念馆，全力处理战后的善后问题，还有那德国总理在犹太人纪念碑前的惊世一跪！德国人在60年里不断地反思，不停地纪念，终于完成了灵魂的自我救赎。德意志民族向世界展示了理性的力量，也赢得了世人的尊敬！

可见理性的纪念才是正确的纪念，理性让纪念闪耀出人性的光辉。

但纪念一旦脱离理性的制约，它就会变成不可控制的魔鬼。日本在60年前那幕惨剧中同样扮演了不光彩的角色，作为亚洲地区的主要刽子手，日本犯下的罪行罄竹难书。往者已矣，大和民族的纪念却是如此这般：右翼势力大肆鼓吹“中国威胁论”，还妄图为二战罪行翻案；不顾史实修订历史教科书，文过饰非，美化侵略罪行；更有首相一年一度的靖国神社“拜鬼”……日本这种偏离理性范畴的“纪念”活动，自然受到各国人民的一致谴责。有句话说得好：“跪着的德国人比站着的日本人更高大！”

分析：德国和日本在纪念问题上的理性和偏离理性的鲜明对比，阐明了

“理性的纪念才是正确的纪念，理性让纪念闪耀出人性的光辉”。

3. 联系现实，融入自我

例1：

作为一个古老的民族，华夏的大地上洋溢着蓬勃的朝气，而值此发展腾飞之际，我不禁要善意地提醒：中国，咱们慢慢来。

时下中国，百年来的自卑、自尊、憧憬与焦灼使人们迫不及待地去迎接那似乎必将到来的一派歌舞升平。我们似乎渐渐失去耐心，失去沉稳，只因一些同胞失去了对传统文化的记忆。轮船、高铁、飞机，科技的进步使天涯比邻，经济的签约日益频繁，而谁又能保证，那些“合同”比孔子木车上的典籍更使人信赖？

——2015江苏高考满分作文《中国，咱慢慢来》

分析：“时下中国……”联系现实，列举现状，表达了自己的痛心与忧虑，呼吁“中国，咱们慢慢来”，感情真挚。

例2：

人要有敢于正视的勇气和勇于担当的精神。鲁迅先生一贯倡导敢于直面人生，敢于正视现实，敢想、敢说、敢为、敢当。一个人如果永远甘于做一只“鸵鸟”，不敢直面人生和现实，自然也就无法认清自我、融入社会。尤其是在世界形势复杂多变的今天，我们既需要面对残酷现实的勇气，亦需要增强应对的力量，敢于去做自己应做的事，担起自己应担的责任。

分析：将自己的主张“人要有敢于正视的勇气和勇于担当的精神”具体落实到了当下应对世界严峻形势的战斗中，体现了“敢于正视的勇气和勇于担当的精神”的现实意义。

例3：

“该硬则硬，该软则软”，“软硬”兼施，区别对待人心中的软硬，方能造就和谐自我。然而，当我们内心的情感与理智冲突、“柔软”与“坚硬”矛盾时，还需要审视客观事实，理性与感性并举，做到“硬不失软，软不忘硬”。

反观当下，人们对待心中的“柔软”与“坚硬”的态度似乎有些动摇。面对老人该不该扶，许多人因对被勒索的恐惧而止步不前，无视道德良知，将“硬”“软化”。而我们对待家人常常十分苛刻，“我的事不用你管”常挂嘴边，甚至连对待陌生人的客气都没有。是因为太亲密了吗？在我看来却是“软”在“硬化”。究竟何时软何时硬，如何避免偏执，造就和谐自我，或许我们该反思了！

——2015上海高考满分作文《软硬兼施，处世大道》

分析：第一段提出正面观点，第二段用“反观当下”转入现实中的反面现象，深入剖析，提出劝告，体现了自己对社会现实的关注和思考。

【拓展演练】

（1）阅读下面的材料，根据要求写作。（60分）

在某大学毕业典礼上，一位毕业多年、事业有成的老校友对即将进入社会的大学生们说了下面一段话：

我唯一的害怕，是你们已经不相信了——

不相信规则能战胜潜规则，不相信学术不等于权术，不相信风骨远胜于媚骨。

你们或许不相信了，因为追求级别的越来越多，追求真理的越来越少；讲待遇的越来越多，讲理想的越来越少；大官越来越多，大师越来越少。

我想说的是，请看护好你曾经的激情和理想。在这个怀疑的时代，我们依然需要信仰。

要求：综合材料内容及含意，选好角度，确定立意，明确文体，自拟标题，不要套作，不得抄袭；不少于800字。

中心论点：在这个怀疑的时代，我们依然需要信仰。

训练1　请根据自己的感悟，阐释中心论点中的关键词“信仰”。

____

____

____

____

训练2　请围绕中心论点，确立正反两个分论点。

____

____

____

____

（2）以“怀揣信仰”为观点，联系现实，融入自己的感悟，写一段议论性文字。

（3）联系现实，从反面续写文段。

坚守传统文化精髓，可以让传统文化根脉永存。有人为保护、传承、发展非物质文化遗产大声疾呼，身体力行，无私奉献。樊锦诗用四十余年的坚守告诉世人，她无愧于敦煌。从北大考古学专业毕业后，她进入大漠深处，喝咸水、点油灯、住土屋、睡土炕，用生命守护敦煌，只愿保住中华文化的根脉。为了坚守文化精髓，更好地传承中华优秀传统文化，樊锦诗锐意创新，构建“数字敦煌”，实现了保护与利用的双赢。

然而，在传统文化的传承中也有令人担忧的现象。

——《在传承中坚守传统文化精髓》

【参考示例】

（一）多向展开，层次丰富

1. 中心论点：学会宽容

分论点一：宽容，是互相成就的助推剂。

分论点二：宽容，是社会关系的润滑剂。

分论点三：宽容，是提高国家威望的强心剂。

2. 中心论点：坚守传统文化精髓

分论点一：坚守传统文化精髓，可以让传统文化根脉永存。

分论点二：坚守传统文化精髓，可以让传统文化遍地开花。

分论点三：在传承中坚守文化精髓，要多读书，汲取营养。

分论点四：在传承中坚守文化精髓，还要善辨别，慧眼识金。

以上分论点，先从“为什么”的角度重点阐述坚守文化精髓的意义（分论点一、二），再联系现实论述“怎么办”（分论点三、四），从“为什么”到“怎么办”，逐层递进。

3. 中心论点：提升生命的高度

中心论点：提升生命的高度。

纵向递进式。

分论点一：生命中有了远大目标，方能有生命的高度。

分论点二：生命中拥有了高度，才能活出生命的价值。

分论点三：挑战生命的高度，让自己活得更精彩。

（二）有理有据，内容充实

1. 典型论据

以我血荐轩辕为人生坐标的鲁迅，在赴日学医试图救人的过程中，目睹社会黑暗人性麻木。社会的黑暗，正义的沉睡，改变了鲁迅的人生坐标，弃医从文，唤醒铁屋子中死睡的国民！

吟出秋风秋雨愁煞人的秋瑾，清廷兵部侍郎正二品官员的贵夫人，湖南多家钱庄的阔太太。人生的坐标因救国救民反抗清朝的黑暗统治而确立。别儿女，赴东洋，投身革命党。三十二岁，抛头颅，洒热血，为救中华出苦难。死而无憾，虽死犹荣。

2. 观点论述

观点1：科技增进了人与人的情感。

分析：因为科技打破了时空的阻隔，使得情感表达更加自由畅通。科技还拓展了情感沟通交流的方式，使得情感交流更加多样化。

观点2：科技削弱了人与人的情感。

分析：科技让人热衷于虚拟世界的友谊，疏远了现实世界的真实情谊。人们依赖科技的便利，有的只重物质与形式，忽略人与人面对面的情感交流。

（三）方法多样，论证充分

（1）在这个怀疑的时代，我们依然需要信仰。

训练1

信仰是什么？是指对某种思想或对某人某物的信奉敬仰。信仰其实就是那个你愿意为其奉献一生的东西。在这个怀疑的时代，我们依然相信真理与正义。

训练2

分论点一：怀揣信仰让自己心中有明灯。

分论点二：缺少信仰使自己迷失方向。

（2）当今社会，随着信息的高速传播，科技的迅猛发展，许多人抛弃了他们的信仰。制度层面上阶阶官衔，剥开他们真善美的皮，露出的是讲究阶级的高低、官贵民贱的丑态。学术层面的层层合盖，捂住了他们仔细研究的精神，露出的是争名逐利的丑态。而网络层面重重包围，剪断了他们追梦有方向的那根绳子，让他们掉进了世俗愚昧、沉溺玩乐的无尽深渊。屈从外界而丢掉信念的我们，不也就失去了本心吗？科技超越着，进步着，而思想却开始走下坡路了吗？在这样一个怀疑的时代，我们就需要更努力做到：怀揣信仰。

在这样的时代，依旧有着梦想、坚守本心的人，他们就是时代的力量。中国大国的工匠，不是将技艺和能力融进名气里，搬到电视剧的荧屏上，而是孜孜不倦地努力着，把“工”字刻进自己的灵魂里。用爱国热情，为国家打造一座座崭新发展的桥梁。他们怀揣着自己的信仰，努力地前行着。我们同样也可以做到，不因外界而动摇，坚持着做好我们应该做的事情，将自己的激情和汗水挥洒在实现理想的道路上。

怀揣着信仰去远方，让我们为这个时代增添一抹光彩，成为时代的力量。

（3）联系现实，从反面续写文段。

然而，在传统文化的传承中也有令人担忧的现象。有人知识匮乏，又缺少考证精神，不辨真伪，错误传递传统文化精髓；有人急功近利，断章取义，对传统文化进行简单化、商业化、庸俗化解读；也有人戏说历史，恶搞经典，丑化英雄，以讹传讹，亵渎优秀传统文化。

问题二：如何让分论点更有层次

一、并列层次，防止平面

【问题描述】

同学们在老师的指导下，掌握了议论文分论点的切分，学会了用并列的几个分论点或几个层次去论证总论点。但在写作的过程中可能会暴露以下的问题。

（1）形式上有几个并列展开的分论点，实质上论证停留在一个平面。几个分论点，角度同一、重叠，并未多维展开，只能算作换汤不换药的一个分论点。

（2）分论点能多维展开，但拆分标准不清晰，并列顺序随意，致使并列失宜、顺序混乱。

以上两个问题的出现，皆是因分论点内涵不明，导致拆分不当、并列失宜。说到底是思维深度与严密度不足，在“拆分论点”环节更多只注重了语言层面的区别，而忽略了内涵层面的不同，没能从根本上厘清多个分论点之间、分论点与中心论点之间的关系。

【解决良方】

并列展开，缺乏层次——解决这个问题，要追溯到论点拆分的环节。

拆分论点的关键，是先抓住核心概念，多维发散；然后，明确拆分标准，厘清关系，敲定分论点。唯有先“放”再“收”，重视辨析，才能避免并列层次的平面化，从而实现论证的层次感。

首先说论证层次推进的起点：概念分析。概念分析，可以分类分析概念；也可以多角度界定，界定概念不同的内涵和外延；还可以寻求相似、相反或者相对的其他概念加以辨析，辨析这些概念的内涵差异以及彼此间的关系。

1. 分类

分类是概念辨析最重要的能力。分类要有明确的标准，比如“老实人不会吃亏”这一谚语，要分解“亏”这个概念，可以按照以下分类标准：程度、影响时间、存在形态等。按程度拆分为大亏和小亏、局部亏和全亏；按影响时间，分为眼前亏和长远亏；按存在形态，分为有形的亏和无形的亏、物质的亏和精神的亏等。

2. 多角度界定概念

概念的内涵随主客观世界的变化而变化，因此，分解概念的另一种办法，就是多角度把握概念的内涵。如“老实人不会吃亏”中，“老实”这个概念，从性格的角度，等同于木讷、胆小、温顺；从能力的角度，等同于愚笨；从道德的角度，等同于诚实守信；从行为的角度等同于循规蹈矩。

3. 辨析

通过寻求相似、相反或者相对的其他概念加以辨析。辨析这些概念的内涵差异以及彼此间的关系，来发现主题。比如，与“老实”相关的“本分实诚”“胆小木讷”“不知变通”“眼前亏与长远亏”“物质亏与精神亏”“个人亏与集体亏”。

概念分析时，需要特别注意的一点是：要能辨明概念间的全同、包含、交叉等关系。在拆分论点时，分论点中的概念如果出现了全同、包含关系就会出现意思上的重复；如果出现了概念间的交叉就会使分论点之间逻辑关系不严密。

【案例分析】

例1：

中心论点：人生需要创造精彩。

分论点一：人生就像一张白纸，需要你去书写漂亮的文字。

分论点二：人生就像一张画纸，需要你去描摹迷人的画卷。

分论点三：人生就像一把乐器，需要你去弹奏动听的乐章。

分析：这三个分论点采用排比兼比喻的形式，表达上确实比较艺术；但是，稍加推敲就会发现问题，虽然语言形式不完全一样，但是外延却是重合的（或是相似的），基本属于同一关系，这样设置分论点不合适。

例2：

中心论点：“妥协”，让人生以退为进。

分论点一：理性的妥协为我们带来胜利。

分论点二：理性的妥协为我们带来成功。

分论点三：理性的妥协为我们带来荣誉。

分析：三个分论点中，“胜利”“成功”“荣誉”在概念上有重复或交叉，三个分论点的意思也有重复，是前面所说的这三个分论点“只能算作换汤不换药的一个分论点”。

例3：

以“欢乐与痛苦”为题，学生写出分论点。

分论点一：苦就是乐，乐就是苦。

分论点二：苦中作乐，乐时思苦。

分论点三：看轻欢乐，看淡痛苦。

分析：这三个分论点阐述了作者对欢乐和痛苦的理解，观点是可取的，但是没弄清三层意思之间的递进关系。分论点③是最低层次，只是孤立地阐述了对待欢乐和痛苦的不同态度；分论点②是较高层次，阐述了痛苦时怎样转变成欢乐、欢乐时不要忘记了痛苦；分论点①是最高层次，阐述了痛苦和欢乐的辩证关系，苦就是乐，乐就是苦，只有到了最高境界才能有这样的认知。这样看来三个分论点要调整顺序。

修改示例：

① 保持一颗平常心，才能明白人生就是由欢乐和痛苦组成。

② 保持一颗平常心，才能看轻欢乐，看淡痛苦。

③ 保持一颗平常心，才能苦中作乐，乐时思苦。

④ 保持一颗平常心，才能明白苦就是乐，乐就是苦。

分析：分论点顺序摆放不合理的症结在于学生不懂得分论点之间有内在的逻辑顺序。这个顺序应该遵循由表及里、由浅入深、由简单到复杂的原则。

例4：

阅读下面的材料，根据要求写作。

面对突发的新冠肺炎疫情，国家坚持人民至上、生命至上，果断采取防控措施，全国人民紧急行动。

人们居家隔离，取消出访和聚会；娱乐、体育场所关闭；政务服务网上办理；学校开学有序推迟；公共服务场所设置安全“一米线”。防疫拉开了人们的距离。

城乡社区干部、志愿者站岗值守，防疫消杀，送菜购药，缓解燃眉之急；医学专家实时在线，科学指导，增强抗疫信心；快递员顶风冒雨，在城市乡村奔波；司机夜以继日，保障物资运输；教师坚守岗位，网上传道授业；新闻工作者深入一线，传递温情和力量。抗疫密切了人们的联系。

请综合以上材料，以“疫情中的距离与联系”为主题，写一篇文章。

要求：选准角度，确定立意，明确文体，自拟标题；不要套作，不得抄袭；不得泄露个人信息；不少于800字。

《身外以距心之所系》开篇亮出观点。

突如其来的疫情拉远了人们的距离，却将国民的温情与力量连成一线。有一种路，虽远必行，有一种距离，虽遥不可及，但因心灵的交汇而近在眼前。

接下去，三个主体段。

距离虽远，心心相印。人们不再是躺在沙发上安逸地睡觉，而是坐在椅子上专心致志地查看疫情播报……

距离虽远，心系一线。新年爆竹声响时，你我素未谋面，但医院中默默奔波的身影却催人泪下……

距离虽远，心系一方。从未想过，远水也救得了近火，远方的春风也能送走近地的寒风……

结尾，进行总结。

防疫路途虽远，我们在路上，距离遥不可及，但我们的心灵早已近在咫尺。

分析：这位同学掌握了议论文的基本结构，可惜的是，本论部分三个例子只是同质事例（心心相印、心系一线、心系一方），对论点而言，仍然处于同一个论证层次，即在同一个层面上滑行，注重分析“是什么”，而没有分析“为什么”。

提升如下。

开篇亮出观点。

距离指的是分离两处，而联系却指紧密相连。这两个看似矛盾的词语，在疫情背景下却擦出了激烈的火花。

接下去，三个主体段。

距离是隔开亲人的病舍，人们却以亲情相连。

距离是隔开交往的屏障，人们却以大爱相连。

距离是隔开生死的鸿沟，人们却以铭记相连。

结尾，进行总结。

身在四海，举国同心。英雄抗疫，共铸辉煌。

分析：我们应避免从同一角度选择论据，几个并列层次应彼此互补，防止简单的重复，甚至内容相互交叉。一般情况，并列的几个分论点之间本无先后关系，但在写作中可以把重要的放在前面，次要的摆在后面。

【拓展演练】

（1）请在横线处填出并列式分论点。

中心论点：独具慧眼，才能让人生更加充实。

分论点一：慧眼，是一双善于发现的眼睛。

分论点二：______________________________

分论点三：______________________________

（2）请在横线处填出并列式分论点。

中心论点：莫使名利遮望眼。

分论点一：______________________________

分论点二：______________________________

分论点三：______________________________

（3）阅读下面文字，根据要求作文，并请在横线处填出并列式分论点。

（2017浙江卷）有位作家说，人要读三本大书：一本是“有字之书”，一本是“无字之书”，一本是“心灵之书”。对此你有什么思考？写一篇文章，对作家的看法加以评说。

中心论点：凡世间之人，或多或寡，必读此三书，故世间皆为书生也。

分论点一：______________________________

分论点二：______________________________

分论点三：______________________________

二、对照层次，对比鲜明

【问题描述】

议论文论证的展开方式，除了有层次地并列展开，还能对照式展开。大家会发现，对比论证是比较简单易行的论证方式。因为简单，所以常用；因为好用，所以不管不顾，万事套上“正反”了事——这就出现了“简单粗暴”的问题。一用对照式，全成了“谦虚使人进步，骄傲（不谦虚）使人落后”的样子——这一正一反、鲜明对比的格式不是说不好，而是如果篇篇如此、人人如此的话，“本乃好模板，又成新局限”。

【解决良方】

要更好地进行“对照”式展开，需要先了解它的多种样式。并非只有正反对举；正反对举的双方也不只是“A”和“非A”；而且，也不是只有两个分论点。

给同学们推荐三种常用的对照式展开样式：一是破立结合，二是多样化正反对举，三是正反结合构成三个分论点。

第一种方式“破立结合”的行文方式如下。

（1）辨析概念时寻求对举的概念。必须承认“对方”观点也有合理性，但更重要的是存在更多的是“不合理”或者太绝对化的弊端。

（2）质疑“对方”观点存在诸多的弊端，是“破”。接着要“立”，提出自己观点的优势。

（3）质疑有优势了，接下来应该如何做？

（4）完善和补充自己的观点。辩证看待己方观点也有不足之处。补充注意事项或者规避自己存在与反方相似的弊端。

第二种方式“多样化正反对举”的行文方式如下。

正反对举的多样化具体体现在——把两种事物加以对比，或者用一种事物来烘托另一种事物的结构方式：或正与反对比，或现在与过去对比，或这一事物与另一事物对比，或同一事物各个不同发展阶段对比。

第三种“正反结合构成三个分论点”实际是一种“正反对举”的写作变式。两个平行的正面分论点合二为一，与反面的第三个分论点构成准矛盾关系，形成对照。

【案例分析】

例1：

闭关主义，闭关锁国抱残守缺落后挨打。

送去主义，卑躬屈膝卖国求荣亡国灭种。

送来主义，商品倾销经济侵略文化侵略。

总之，我们要拿来，我们要使用或存放——更概括地说，就是四个字：占有、挑选。

——来自教材鲁迅的《拿来主义》

分析：《拿来主义》是“破立结合”的典范。作者在第一部分着重批判“送去”；第二部分深入批判“送去”，着重批判“送去”和“送来”两者间奴才与主子的关系；第三部分着重批判“送来”。这三个部分以破为主，批判逐层深入。另外，这三个部分破中有立。第一部分提出“拿来”；第二部分提出“拿来主义”；第三部分阐述“拿来主义”的要旨，完整地提出了论点；第四部分，以立为主，立中有破，对“拿来主义”作了正面的分析，对论点用比喻进行正面的、直接的、具体的阐述。

例2：

中心论点：知耻应后勇。

分论点一：知耻而后勇，化耻辱为上进，成功可期。

分论点二：知耻无后勇，必定自甘堕落，遗恨千古。

分析：这是标准而经典的正反对举模式，两个分论点间是完全的对立关系。

例3：

中心论点：赞美蕴含力量。

分论点一：赞美使人信心倍增。

分论点二：赞美使人坚持不懈。

分论点三：一味指责，毫无赞美，就会挫伤积极性。

分析：两个并列的正面分论点合二为一，共同与第三个反面的分论点构成准矛盾关系，形成对照式分论点。

【拓展演练】

（1）请以“自知者明”为中心论点，采用对比式方法写出其分论点。

中心论点：______________________________

分论点一：______________________________

分论点二：______________________________

（2）请采用对比式方法写出下面观点的分论点。

中心论点：社会不能没有“标准”。

分论点一：______________________________

分论点二：______________________________

分论点三：______________________________

（3）阅读材料，采用“破立结合”的方式写出下面观点的分论点。

别林斯基：青春在人的一生中只有一次，青年时代要比任何时代更能接受高尚和美好的东西。谁能把青春保持到老，不让自己的心灵冷却、变硬、僵化，谁就是幸福的人。

辛尼加：青春并不是生命中一段时光，它是心灵上的一种状况。它跟丰润的面颊、殷红的嘴唇、柔软的膝盖无关。它是一种沉静的意志、想象的能力、感情的活力，它更是生命之泉的新血液。

朗费罗：青春是多么美丽！发光发热，充满彩色与梦幻，是书的第一章，是永无终结的故事。

中心论点：青春不应被挥霍，要趁年轻早作为。

分论点一：________________

分论点二：________________

分论点三：________________

三、层进展开，认识开掘

【问题描述】

和上面的“对照展开”问题相似，“层进展开”也存在一个“掌握容易，却模式单一”的问题。那么，如何才能让层进论证更丰富、灵活呢？层进论证具体有哪些样式？

【解决良方】

层进论证的具体样式：一是“是什么—为什么—怎么样”的思路，二是“提出问题—分析问题—解决问题”的思路，三是“摆现象—析危害—挖根源”的思路。无论是哪一种具体样式，展开分析论述时，三者可以并重，也可以有所侧重。

这里介绍一下大家不那么熟悉的第三种层进样式：“摆现象—析危害—挖根源”。“摆现象”，就是摆出社会生活中一些所值得探讨的现象，可以对这些现象进行引用、概括。

“摆现象”以后，就要考虑选择一个适当的“突破口”，即要考虑这些社会生活现象从何处下笔较为合适，从哪里进击更为有利——这就是“析危害”。一般说来，我们可以选择这些社会生活现象的不良反应作为突破口，便于尽快取得主动权，向纵深发展。其次还可以从造成这些社会生活现象的要害处突破。这样选择突破口，能起到纲举目张的作用。

“挖根源”就是对这些社会生活现象中出现的不良反应进行分析，指出它荒谬和虚假之所在。写法一般是先举出这些社会生活现象的荒谬看法，然后针对这个荒谬看法，用正确的道理和确凿的事实直接加以驳斥，揭露错误看法和事实、谬误和真理之间的矛盾。

层进论证是一种高阶论证。即便不用以上三种模式，并列展开的论证中，也可以存在逻辑上的纵深感。并列展开的分论点，如果采用由此及彼，由远及近，由浅入深，由易到难，由特殊到一般（即归纳推理），或由一般到特殊（即演绎推理）的逻辑思路展开论证，未尝不是一种“准层进论证”。这种层进结构，既可以用表示递进关系的关联词语（“不仅……而且……”“……还要……”“……更重要的是……”等）来体现，也可以靠内在逻辑关系的递进来体现。

特别需要提醒同学们的是，重视论证层次的终点。论证层次推进的终点，即为建构具有现实意义的结论。一篇文章的好坏，光有逻辑的支撑还不行。文章要有境界、有格调，还必须有价值的引领；要针对具体的现实问题立论，避免讲空洞的大道理。

【案例分析】

例1：

以《幸福》为题，学生写出的分论点。

分论点一：幸福的来源。

分论点二：幸福的感受。

分论点三：幸福的好处。

分析：严格来说，这不是三个分论点，而只是标出了写作的大致范围。三个分论点都没有对幸福作出判断，没有说出作者对幸福的认知或理解，它们不是一个完整的命题，所以这三个短语不是论点。

学生写出的分论点是一个词语或短语，从表面上看是没有思考完整，实际上学生不懂得分论点就是一个明确的判断。分论点从句子角度看最好是一个判断句；从逻辑学的角度上看就是一个命题，“命题就是运用概念进行判断的语言形式，是断定或陈述事物情况的思维单位”。

修改示例：以《幸福》为题，学生写出的分论点。

分论点一：生活中不是缺少幸福，而是缺少对幸福的感受。

分论点二：幸福不仅是要感受得到，更是一种真诚的付出。

分论点三：幸福不仅是真诚的付出，更是付出后收获的快乐。

分析：这三个分论点都对幸福作了判断，并且逐层递进，纵向展开，从感受幸福到真诚付出，再到付出后收获快乐，层层深入，揭示了幸福的三个不同层次。

例2：

实现心中的理想

每个人心中都有属于自己的天使。何谓“天使”呢？天使就是心中向往的东西，渴望实现的美好的东西，正如你的理想。要实现心中的理想，必须用心地雕琢心中的天使，用你手上的雕刻刀，把天使雕刻出来，展现出来。“天使”展现了微笑，理想之花绽放着光彩。

理想是你在黑暗中指路的明灯，理想是你在迷失方向时的指南针，理想还是你焦急干渴时沁人心脾的清泉。理想是我们人生重要的部分，而人生不断前进的动力是为了实现理想，为了雕琢心中的天使，使天使成形，使理想成形。（是什么）

那要怎样才能实现心中的理想，雕琢心中的天使呢？（为什么）

实现理想需要坚强的毅力和强大的意志。刘翔，一个代表速度的名字，已经载入田径史册。他从参加110栏比赛开始，就有着与世界短跑名将同台比赛的理想，并为实现理想而努力。跨越一道道栏，战胜一个个障碍，他用毅力去雕琢心中的天使，实现心中的理想。实现理想需要无畏的勇气和不懈的坚持。撒切尔夫人，一个被誉为“铁娘子”的女人，她不畏惧政治场上的黑暗和腐败，凭着一个弱女子的勇气和坚持，终于入主英国唐宁街十号，实现了她当首相的理想，把心中的天使雕琢出来。

天使总是美好的，但天使不容易展现出来。要使天使成形和理想成真，不能缺少一颗认真的心。居里夫人与她的丈夫，他们的事迹可谓是家喻户晓，为了提炼钋和镭元素，他们日日夜夜焚膏继晷地在实验室工作，忘记其他的事情，一心一意地做研究，终于提炼出了那两种饱含汗水的元素，他们实现了理想，雕琢出了心中的天使。

天使之美，犹如春天争芳斗艳的花儿；理想之美，犹如夏天郁郁葱葱的树儿。为了雕琢心中的天使，为了实现心中的理想，我们需要坚强的毅力，

非凡的勇气和一颗专注的心，只有这样，天使才能成形，理想才能成为现实，才能看到天使的美丽和理想的光彩。（怎么样）

分析：本文即是按照“提出问题—分析问题—解决问题”的思路安排论证结构，即围绕中心论点回答三个问题：①是什么，②为什么，③怎么样（会怎样）。

例3：

2016年全国Ⅰ卷作文“巴掌和吻痕”。

成绩优的男孩因成绩满分降至98分，由奖赏“吻印”突变为惩罚“掌印”；而成绩差的男孩因成绩55分升至61分，由惩罚“掌印”突变为奖赏“吻印”。（摆现象）

他们的行为尖锐突显了家长乃至当今社会上人们对孩子成长的一种急功近利、急躁攀比、面子至上、处理简单粗暴的病态心理。（说实质）

此种教育方式，打在孩子脸上的巴掌，最终会反打在父母的脸上。棍棒教育留下的伤痕甚至可能影响孩子一生。（论危害）

首先，社会高速发展，人们生活节奏加速，竞争日显激烈。（挖根源1）

其次，长期的应试教育影响使然。（挖根源2）

教育应多些“吻印”，而少些“掌印”！（得出观点）

分析：本文采用了“摆现象—析危害—挖根源—指办法”的写作格式。先针对某些现象，分析其危害，挖掘其产生根源，最后指出解决问题的办法。

例4：

题目和例文见前一“案例分析”。

提升如下：

《所爱纵隔山海，同根亦紧相连》开篇亮出观点。

荆楚一疫，牵动全国肌理；防控命令，责任力压万钧；防控病毒，口罩与居家筑起隔离的“万里长城”；抗击疫情，团结与同心满溢“上下同欲”的温暖汪洋。中华民族千百年来始终无法磨灭的根脉中的信仰，此刻筑起防疫病毒的隔离“高墙”，纵使相隔山海之遥，爱亦让我们紧密相连。

接下去，三个主体段。

那看似变远的人与人之间的距离，是防疫的关键之举，更是责任与爱的最好诠释。

那紧密千家万户的联系，是抗疫的温情时刻，更是同心并蒂、共克时艰

的华夏之魂。

那先秦古哲老子的“对立统一观”，疫情下的距离与联系又何尝不是看似矛盾对立，实则根脉相连？

结尾，进行总结。

“隔离病毒，但不隔离爱。”距离是万水千山，更是茫茫大义；联系是相依相守，更是虽身在四方，亦跳动着同样节奏的心脏。所爱纵使隔山海之遥，然有华夏根脉中的团结与爱，让距离不再遥远，让人心彼此相连。

分析：这三个分论点中（“责任与爱”—“华夏之魂”—“根脉相连”），逐步范围扩大、意义加深，因此，上文本论部分应属于并列层次中存在逻辑关系的“准层进结构”。

【拓展演练】

（1）请以“生活是丰富多彩的”为论述中心，按照“是什么—为什么—怎么办”设置层进式分论点。

分论点一：______________________________（是什么）

分论点二：______________________________（为什么）

分论点三：______________________________（怎么办）

（2）请在横线处填出层进式分论点。

中心论点：严于解剖自己。

① 为什么要解剖自己？

分论点一：______________________________

分论点二：______________________________

② 如何才能“解剖自己”？

分论点一：______________________________

分论点二：______________________________

分论点三：______________________________

（3）请以“微信可以是一种生活方式，但如何使用微信则是一种生活态度”为论述中心，按照“提观点—摆现象—析危害—指办法”设置层进式分论点。

观点：微信掀起了一股潮流，同时也带来万般烦恼。

①______________________________（摆现象1）

②______________________________（摆现象2）

③____（析危害）

④____（指办法）

【参考示例】

（一）并列层次，防止平面

1. 中心论题：慧眼

分论点一：慧眼，是一双透过现象看本质的眼睛。

分论点二：慧眼，是一双推陈出新的眼睛。

2. 中心论题：抛开名利

分论点一：抛开名利，你会拥有更加幸福的生活与潇洒的人生。

分论点二：抛开名利，你会赢得世人尊重的眼光。

分论点三：抛开名利，你会在实现人生价值的大道上越走越宽。

3. 中心论题：书

分论点一：有字之书，文章著述也。

分论点二：无字之书，生活经历也。

分论点三：心灵之书，思想精神也。

（二）对照层次，对比鲜明

1. 中心论题：正确评估自己

分论点一：过高估价自己，妄自尊大，刚愎自用，就会停滞不前；过低估价自己，妄自菲薄，畏首畏尾，就会故步自封。（反面）

分论点二：正确评估自己，见己之长，明己之短，才能找准位置，成就人生。（正面）

2. 中心论题：标准

分论点一：一个遵守一定“标准”的社会，才能安定、祥和。

分论点二：一个失去行为标准、评价标准的社会，将混乱不堪。

分论点三：坚守标准，并适当变通，才能让生活更从容。

3. 中心论题：青春

分论点一：不认真读书，实为浪费时间，挥霍青春。

分论点二：不懂青春含义，认为嬉笑打闹就会成长。

分论点三：青春时代更要注重奋发作为，追求奋斗。

（三）层进展开，认识开掘

1. 关于生活

分论点一：生活丰富多彩是指生活不应是一种模式。（是什么）

分论点二：符合人的本性（人有多方面的精神需要）；有利于人的全面发展；有利于身心健康；有利于充分调动人的积极性。（为什么）

分论点三：要会工作，也要会休息；培养多方面的生活情趣；社会要为人的全面发展创造条件。（怎么办）

2. 关于自我

（1）中心论点：认识自己。

分论点一：要不断进步，必须无情地“解剖自己”。

分论点二：解剖自己，要对自己有自知之明。

（2）中心论点：自我批评。

分论点一：光有自知之明还不够，还要勇于自我批评。

分论点二：自我批评的勇气来源于对真理的追求和崇高的信念。

分论点三：只有勇于自我批评，勇于解剖自己，才能改正错误，不断前进。

3. 微信对于人的影响

（1）你生活中跟谁打交道最频繁？答案竟不可思议：生活基本被“微信化”了。（摆现象1）

（2）既然舍不得错过朋友之间的新鲜事、热议话题，就有可能面对想退又不易退的微信群，接受垃圾信息的轰炸，忍耐朋友圈里“鸡汤”养生的腻歪。（摆现象2）

（3）用户对微信的依赖有多重，异化的程度就有多深。（析危害）

（4）矫正微信使用造成的错位与扭曲，限制其在生活中的位置，才能将自己从焦虑纠结、寂寞疏离中释放出来，使生命更为丰富、生活更加精彩。（指办法）

问题三：如何让分析更“有理”

一、论据选裁，显性强化

【问题描述】

同学们在老师的指导下，学会了使用论据去证明观点。但是论证时论据与观点产生随意牵连比附，论据的含意与观点不契合甚至自相矛盾，这样的分析是无效的。

【解决良方】

那么，如何才能避免无效分析，让我们的分析更“有理”呢？

（1）分析“无理”，问题有可能出在论据的选择上。试图用本身就不恰切、不典型的论据去论证观点，当然会导致后面的分析生拉硬扯，论据与观点随意牵连比附。

要解决这一类问题，需要严格把关论据的选择。选择了贴切的论据，论据与论点的关联直接且紧密，后面的分析自然更容易、顺畅、有理了。论据选择的中心集中性原则、典型性原则、充分性原则，其实都指向的是“论点与论据之间的关系”，目的之一就是便于后文说理。总之，要有前置解决问题的意识，虽然是后续分析的问题，但应该放到前面论据选择的时候来提前规避。

（2）分析“无理”，问题更有可能出现在论据的剪裁上。议论文中对材料的叙述和记叙文中对故事的叙述有所不同，区别就在“指向性”上。如果我们不管不顾地随意呈现，极有可能导致论据指向性不明。所以，我们不能没有目的地叙述论据材料，一定要扣住论点、合理剪裁。与论点无关的要删减，反之，就要去丰满。

（3）论据分析时，要有意识地进行“显性强化”，以进一步突显分析的合理性。做法很简单，就是在论据分析的过程中，要扣住关键词，反复强调。论点相关的关键词，建议在一个分论点论述过程中直接或间接地出现三次。

另外，推荐两个验证论据是否得当的方法：“正推反逆，带入求证”“喻近求似，择据之法”，以帮助同学们提升论据与论点的匹配度。

方法一：“正推反逆，带入求证”

议论文在于通过事物的剖析得出论点。简而言之，论点就是事物揭示出来的人生启迪。中国文学样式中的寓言，也是通过一个故事阐述一个道理，二者模式相同。“正推反逆，带入求证”法正是基于此点，寓言道理由寓言故事中得出。寓言故事，自可证明寓言道理；反之，道理可以还原到故事中，在故事中找到依托的证据，二者互逆。如刻舟求剑的故事告诉人们：为人处世，要运用发展变化的眼光来看待事物，不能拘泥不化。从这个寓言故事中，我们会发现，那个乘船的人正是因为不懂船在行进，即使刻记号在船舷之上，亦是于事无补。他所犯下的错误正是不能运用发展变化的眼光来看待事物，太过拘泥。我们从寓言故事中得出结论，又完全可以用寓言故事来证明结论的正确性。议论文的论点与论据之间也就是这样的一种关系。

方法二：“喻近求似，择据之法”

以《孟子》这部作品为例解析。《孟子》最典型的艺术手法在于喻证，即通过故事说明儒家的治国处世之论。如《孟子》中，梁惠王对于“民不加多”的疑问可视为一则材料，孟子意在告诉梁惠王，他的政策实行与邻国治国之策相差无几，如视之为论点，那么“五十步笑百步”的故事可视为论据。我们比较一下梁惠王“民不加多”之疑与“五十步笑百步”的故事，就会很容易发现二者之间的相似性。梁惠王“移民补粟”与邻国之君治国治民相较，正如“逃跑五十步者”与“逃跑百步者”，皆为逃跑，皆是治国之策的表面功夫。由此可见，论据与原材料之间相似，这正是我们检验所选择论据表述恰当与否的参考标准。

慎重选择论据，恰当剪裁论据，用反复出现关键词的方式进行显性强化。为求保险，再用“正推反逆，带入求证”来验证观点与论据的匹配度。当用好了这些方法之后，论据的含意和论点才能更加契合，论据与论点的逻辑才能高度一致，我们的论证分析才能更有理、更有力。

【案例分析】

例1：

阅读下面的材料思考：下面这个关于“六尺巷”的材料能直接作为“正

确的舍弃往往需要高尚风格”这一观点的论据吗?

六尺巷的故事

清朝时，在安徽桐城有一个著名的家族，父子两代为相，权势显赫，这就是张家的张英、张廷玉父子。

清康熙年间，张英在朝廷当文华殿大学士、礼部尚书。老家桐城的老宅与吴家为邻，两家府邸之间有个空地，供双方来往交通使用。后来邻居吴家建房，要占用这个通道，张家不同意，双方将官司打到县衙门。县官考虑纠纷双方都是官位显赫的名门望族，不敢轻易了断。

在这期间，张家人写了一封信给在北京当大官的张英，要求张英出面干涉此事。张英收到信件后，认为应该谦让邻里，给家里回信中写了四句话：“千里来书只为墙，让他三尺又何妨？万里长城今犹在，不见当年秦始皇。”

家人阅罢，明白其中意思，主动让出三尺空地。吴家见状深受感动，也出动让出三尺房基地，这样就形成了一个六尺的巷子。两家礼让之举传为美谈。

——摘自2009年高考江西作文《有理，也得守规》

分析：“论据”是能够证明论点的依据。意义指向单一，紧扣观点且篇幅简短的材料可以作为论据，而“六尺巷”材料没有明确地指向“舍弃”，而且篇幅较长，所以不能直接作为“正确的舍弃往往需要高尚风格”这一观点的论据。

必须围绕观点对材料进行剪裁、概括，才能使之成为论据。其方法：依据观点的关键词“舍弃”和“高尚风格”找出材料中的关键信息。材料后两段，张英回信中的四句话和张吴两家各让三尺的行为，能够生动地体现观点的要求，应作为事实论据的重点内容；前两段介绍张英的家世和张吴两家争执的经过，可简略。

修改如下：

正确的舍弃，往往需要高尚风格。据说安徽桐城有一条“六尺巷”，原本是张、吴两家争执之地。张家主人张英乃当朝宰相，家人致信给他。他回信却说“千里家书只为墙，让他三尺又何妨，万里长城今犹在，不见当年秦始皇”。于是张家让出三尺。吴家深感惭愧，也让出三尺，那块地便成了“六尺巷”。张英舍弃了自己面子上的威严，以宽仁礼让的胸襟，大度能容的气概，止争斗于未起，化干戈为玉帛。如果不是有超出常人的气量和胸怀，他怎会做出如此的舍弃？

分析：事实论据通过裁剪概括，其意义指向才会明确。必须有明晰强烈的意识，不能“随其自然”地引用材料，必须做到心中有数，使事实论据的意义、指向与论点高度契合。

例2：

事业是人生的不朽丰碑。人类的史册告诉我们：凡是留下英名的人，总是创造了永存的事业。孔子、司马迁、鲁迅之所以为世人传诵，盖因他们为民族文化宝库增添了财富；屈原、岳飞、郑成功之所以载入史册，盖因他们为中华民族留下了伟大的爱国精神；李自成、洪秀全、孙中山之所以名垂千古，是因为他们推动了历史的前进；蔡伦、毕昇、祖冲之之所以永远为人们纪念，是因为他们贡献了自己的聪明才智，在科学技术领域为后人留下了享用不尽的发明创造。谁建树了对人类有益的事业，谁就筑了一座人生的纪念碑。

——柳斌杰《事业篇》

分析：这个作文片段，作者就是扣住了“事业是人生的不朽丰碑”这一分论点分析说理。在论据分析当中：四次用波浪线的句子以呼应分论点句中的“不朽丰碑”，并且还注意了语言上的细微变化；又分别用四处横线的句子，具体指出了论据人物出色的“事业”贡献。

“有时候一个关键词、一句关键性的话，就能救活一篇高考作文！这是未曾阅卷的朋友想象不到的！”高考阅卷老师如是说。可见行文扣住关键词，反复强调确实是说理最有效的方式之一。

例3：

2015年全国Ⅰ卷作文材料讲述了一位女儿举报高速路上边开车边打电话的父亲，原因是多次劝告无果。有学生立意：亲情的举报是道德沦丧的悲哀。这个立意与材料论据是否匹配呢？

分析：我们运用“正推反逆，代入求证”法检验其恰切与否。代入观点到原材料中：如果亲情的举报是道德沦丧的悲哀，那么材料中女孩子举报父亲就是一种错误，她应该无视父亲高速路上开车打电话这一危险行为，恪守父亲不能违背的道德理念，这才是道德的典范。代入后我们发现：原本是值得赞扬的女学生，现在却成了批评的对象。可见，这个观点是不可取的。

例4：

坚持，是成功的法宝。鹰坚持飞翔历练，成就坚强翅膀，到达金字塔的顶端；蜗牛执着前行，最终成就登峰的脚步；勾践国灭，决心复国，卧薪尝胆，最终灭吴复越。

这个习作片段中用到的三个论据都能证明论点吗？说理的合理性如何呢？

分析：鹰与蜗牛的成功都是坚持的结果，这两则论据紧扣了论点，是恰当的。勾践卧薪尝胆的故事，本身也能与“坚持”挂钩。但是论据剪裁后表述为“勾践国灭，决心复国，卧薪尝胆，最终灭吴复越”，能不能充分而恰切地论证观点呢？我们运用“喻近求似，择据之法”验证一下。对比之下，我们会发现，这则论据与前两则之间并没有多大的相似性。“决心复国，卧薪尝胆”与“鹰坚持飞翔历练”“蜗牛执着前行”不同，没能如后两者一样紧扣并直接指向“坚持”。而“决心复国，卧薪尝胆”并不等同于“坚持”，与结果“最终灭吴复越”之间不存在充分的逻辑证明关系。

【拓展演练】

（1）下面选文中所用的事实论据与论点是否具有一致性？试做分析。

懂得换位思考的人，往往能够找到事物的积极方面。一位老太太有两个女儿，大女儿是卖鞋的，小女儿是卖伞的。然而，这位老太太整日都是烦闷的，因为，她总是担心晴天小女儿的伞卖不出去，雨天大女儿的鞋卖不好。一位邻人开导她说：“您应该高兴才是呀，晴天，您大女儿生意好，雨天您小女儿生意红火。”老太太一听心中顿悟，便开怀地笑了起来。这则小故事，给我们的启示太多，我们每个人都希望自己能够天天快乐，然而生活中的许多事不尽如人意，给我们带来许多忧虑、烦恼，如果我们是个懂得换位思考的人，那么，我们的生活中会少几分不快，多几分快乐。

——摘自2008年湖南卷《换位人生》

（2）下面选文中作为事实论据的材料其概括与剪裁是否得当？请简要分析并作修改。

语言是风，沟通是帆。现代文学大师钱钟书先生的《围城》再版以后，又拍成了电视剧，在国内外引起很大的震动。但是钱钟书先生不愿被人宣传，谢绝了不少记者。有一天，一位英国女记者好不容易才打通他家的电话，恳请钱老让自己登门拜见他，钱老一再婉言谢绝却没效果，就对那位英国女士说：“你看了《围城》后，可能会像吃了一只鸡蛋那样，觉得不错，但是你又何必认识那个下蛋的母鸡呢？”女记者终于被钱老的妙语说服了。

（3）下面的选文对“心灵的屋檐”这一题目扣合是否得当？如不当请修改。

陈乐平，上海公交车司机。他一直坚守在这平凡的岗位上。人们或许还不会关注他，但是有一天，他在驾车时突发脑溢血，就在他昏迷之前，将公交车平稳地停靠在了路边，将车门打开使乘客安全下车。就在这一刻，人们记住了他，并认为他是上海市最有爱心的公交车司机，上海市的公民为他自豪，他的家人更为他骄傲。常言道：世界形形色色、千变万化，但是好人多呀！正是因为陈乐平心中盛开着爱心之花，才使其他乘客能够平平安安，也为社会上其他人树立了榜样。

二、论据分析，避免罗列

【问题描述】

有些同学在议论文写作时重事例而轻论证，提出一个论点，举几个例子，再下个结论，便以为是一篇成功的议论文。这种典型的“观点+事例”的议论文，虽然立论正确，用例也算恰当，材料也很丰富，但由于缺少应有的分析，难以形成有力的论证，不能算是优秀的议论文。

【解决良方】

论点要靠有力的论据来支撑，但论据本身并不能自动证明论点。论据和论点中间隔着一条河，可望而不可即，只有在河面上架起桥梁，对论据进行适当的分析议论，文章才能由论据走向论点，完成论证。

那么，在事实论证中有哪些分析论据的方法呢？

1. 归纳要旨，揭示共性

同一个论据，可以仁者见仁，智者见智，各取所需。对于苏轼，我们既可欣赏其豪放，也可感叹其旷达；对于杜甫，我们既可称赞其直面现实，又可歌颂其忧国忧民。由于材料具有多义性，所以在议论文写作中，在列举事例之后，应当对其进行适当的归纳，揭示论据所包含的和论点相一致的道理，实现由论据向论点的过渡。

归纳要旨，揭示共性，常采用的句式是：“这”（论据）+“表现/说明”+“论点/论点的要素”。为了强调论据和论点的关系，也可以用反问句来表达，如：“这些事例不正说明了成功的秘诀就在于恒心与毅力吗？”

2. 探讨原因，深度剖析

世间事物是普遍联系的，造成某种结果的原因是多方面的：刘翔的成功是自身努力的结果，也与个人天赋、家庭因素、社会环境密切相关。因此，引用事实材料作论据，要善于从因果关系的角度来对材料加以剖析，以建立论据与论点的联系。

探讨原因，深度剖析，是一种重要的分析事实论据的方法，其表达方式可以是因果复句，也可以是设问句，通过自问自答来揭示原因。如："并非天才、全才的梵高、卢梭和奥尔柯特为什么能够成功？他们演奏出的'乐曲'为什么能在历史殿堂中绕梁不绝？一个重要的原因就在于他们不囿于自己的弱点，敢于冲破束缚，努力发挥自己的特长。"

3. 假设推导，反向议论

要使论据能充分证明论点，就要在叙述论据之后对其进行必要的分析，把材料与论点之间的内在关系揭示出来，从而有力地证明论点。如何揭示材料与论点之间的内在联系？假设推导便是一种重要的手段。所谓假设推导，就是针对列举的事实论据从反面进行假设，进而推导论据的真实性、可靠性，有力地证明中心论点。其表达方式一般为假设复句：如果没有……那么就……；如果没有……那么……；正因为……所以……。

在展开论述的过程中，要有三种方式的灵活运用：一是，采用夹叙夹议的方法，即边叙述事实论据边分析议论；二是，引述的论据材料形成相反相对的时候，要将分析议论与对比论证结合起来，突出正面观点；三是，根据论证的需要和论据材料的内容，可以综合运用以上几种分析议论方法。

【案例分析】

例1：

史学家司马光写《资治通鉴》花了19年；相声艺术宗师侯宝林为了学谐语手抄一部10多万字的《谐浪》；俄国大作家托尔斯泰写《战争与和平》花了27年；德国著名医生欧立希连续试验914次，终于研制出抗螺旋体病菌的新药——新坤凡纳明。这些事例充分证明了一个朴素的道理：成功的秘诀就在于恒心与毅力。

——《恒心和毅力是成功之本》

分析：这段文字由述例和议例两层构成。述例部分以一组排比句叙述四个事实论据，议例部分指出所述事例蕴含的道理，文段思路清晰，论点和论据水乳交融，浑然一体。文段所引的四则材料，原本可以说明许多道理。比如成功需要时间，凡事要有一个过程等。如果文段只是叙述四个人的事例，而没有最后一句“归纳要旨，揭示共性”的议论，无疑将会留下与论点若即若离的遗憾；现在有了这样的分析，就使材料直接指向了中心论点：成功的秘诀就在于恒心与毅力。

例2：

梵高在大自然神奇的光与影里。看到了自己对色彩的敏感，呕心沥血，终于让《星夜》永恒地闪耀在艺术的原野上；卢梭在激荡的社会进步思潮中看到了自己敏锐的思想，全力奋斗，终于让《社会契约论》成为启蒙运动中光辉的太阳；奥尔柯特在白雪飘飞的圣诞之夜感到对生活的崇敬，潜心写作，终让《小妇人》成为每代人必读的经典。这些杰出的人物正因为不为自己的弱点所囿，敢于冲破束缚，努力发挥自己的特长，才使自己的成功如动人的乐曲，在历史殿堂中绕梁不绝。

——《让特长开拓新天地》

分析：文段的最后一句为议例部分，用一个因果复句，以诗化的语言揭示了梵高、卢梭和奥尔柯特成功的原因：敢于冲破束缚，努力发挥自己的特长。正是有了这个因果复句，论点与论据的关系才更密切；如果没有这样的因果分析，材料与中心“让特长开拓新天地”的关系就难以突显。

例3：

苏东坡一下子从仕途的高峰跌落到低谷。从皇帝、太后都欣赏的才子变成了倒霉的迁客。但是，黄州这个在众人眼中的荒凉小镇，却给苏轼带来了人生的坦途。在黄州，他感到难言的孤独，正是这孤独，使他彻底洗去浮华。他勇敢面对，开始寻找人世间的大美——山水，开始寻找人世间的大哲——先贤。所有的不顺与苦难，反而使他脱胎换骨，使他真正走向成熟。于是，千古杰作《念奴娇·赤壁怀古》和前后《赤壁赋》诞生了。如果没有黄州这个突然的“弯道”，苏东坡在官场上一帆风顺，谁能说得清这个世上是不是会多了一个政客，而少了一个文豪呢？

——《超越常在弯道处》

——述例部分叙述苏东坡被贬黄州，写出传诵千古诗文的事实。分析则以“如果没有……”领起，借助假设，从反面入手，推导出一个与既有事实完全不同的结果，实虚相映，突显了“弯道就是机遇，就是超越”这一中心论点。如果文段到杰作诞生便戛然而止，只有述例，而没有最后一句的假设推导，这个文段的中心就不会这么突出，与中心论点的关系也将不如现在这样密切。

【拓展演练】

（1）在下列语段后以“归纳主旨，揭示共性”的方法补写一段话，使之构成完整的议论段落。

成功，往往蕴含于取舍之间。学会放弃，才能找准人生的目标。孙中山和鲁迅放弃学医，一位成了伟大的政治家，一位成了伟大的文学家；梵高放弃传教士的职业，成为举世闻名的画家。

——《放弃是一种智慧》

（2）在下列语段后以“探讨原因，深度剖析”的方法补写一段话，使之构成完整的议论段落。

用智慧的眼光看世界就是用发展的眼光抓住机遇。冷战结束后，东德和西德之间的那道柏林墙也随即被推倒。那些推倒后剩下的断壁残垣、碎石瓦砾，在旁人看来就是一堆废物，毫无用途。可是有一个年轻人却看到了它的价值，因为这些遗迹遗物是历史的见证，将来的价值不同寻常。于是，年轻人买下了它们，经过加工，这些废料摇身一变，变成了柏林墙推倒后的纪念品。人们为了记住这段历史，纷纷购买纪念品。原本无用的东西却使那个年轻人获得了财富。

——《眼光》

三、挖掘本质，拨云见日

【问题描述】

事物的现象一般直接呈现于我们眼前，而本质需要我们去寻找和探求。不少同学的文章只能“就事说事”，而难以“就事说理”。考试说明在作文“发展等级”之“深刻”要求中说文章要“透过现象深入本质”。从议论文的层面来衡量，透过现象看本质，就是在表述事例之后能揭示事物的本质内涵、根本属性。议论文要深刻透彻、说理充分、论证严密，揭示事物的本质是有效的方法。那么，如何“揭示本质”呢？

【解决良方】

现象与本质是一对矛盾，它们之间可能是统一，也可能是相反的。透过现象看本质，追求深层次的本质原因，才能拨开现象的迷雾，论证才能更加有力。

其一，从事物的性质、作用、意义、影响的角度来揭示事物的本质。事物的根本特征可以从其性质、意义、作用和影响中释放出来，议论文能适时进行揭示、分析，就可以避免空洞的口号和声嘶力竭的教训，从而使文章透其骨髓，彰显微言大义。

其二，从事物的危害的角度来揭示事物的本质。坏事情的危害一经揭示，就能使人们更深入地了解事物，可以起到振聋发聩的作用，而让人们引以为戒。

其三，从社会心理的角度来揭示事物的本质。社会心理是社会发展到某一阶段，民众普遍心态的反映，是对事物的趋向性认同。从这个角度揭示本质，共鸣性大，普适性强。

其四，从廓清人们认识的角度来揭示事物的本质。由于种种条件的限制，人们对事物的认识会停留在直观的角度和粗浅的层面，能用新颖的见解去廓清表面的认识甚至错误的认识，必然会使文章有所启迪。

求质分析法，就是透过论据所提供的现象揭示出事物本质的一种分析方法。运用此法的关键是准确抓住蕴涵在论据中的本质的东西。此法往往能一语中的，在论证上有一字千金之效。

【案例分析】

例1：

《平民价值的认可》片段

戴 晨

平民价值的认可是时代的潮流，是大势所趋。彰显人类的博大情怀和平等意识深入人心。美国2005年10月3日出版的《时代》周刊，中国某“超女”登上封面并且成为该周刊评选的该年25位年度亚洲英雄人物之一。或许在半年之前，不仅仅是《时代》周刊，连中国大多数媒体都不可能注意到李宇春这样一个邻家女孩。一个普通的孩子能够成为“亚洲英雄”，说明今天中国社会所呼唤的平民英雄主义正在走上中国的历史舞台。他们可能没有轰轰烈烈的丰功伟绩，也可能不具备骄人的政治、经济或者文化资本，甚至有些大家都有的小毛病、小缺点，但是来自民间的他们，以自身的努力奋斗，得到社会公众的认同，赢得了尊重。

分析：画线的句子对上段所述事件的意义、影响进行了分析，深入浅出。这就使平面的叙述有了纵深的发掘，在深度的掘进中体现了思想的深度与厚度。也从根本上避免了“观点+材料”的弊端。

例2：

《尊严》片段

顾晓昕

余杰在《烈与火》中写到：在大街上，不少孩子向路人强行乞讨，而唆使他们这样做的母亲则在不远处微笑。这是一种蔑视生命尊严的行径，长大以后就会是行尸走肉，这跟杀了他们有什么两样？毫无疑问，生命的尊严是支撑生命的骨骼，是生命之火得以燃烧的柴火，是生命成长的阳光雨露。

分析：画线的句子先揭示了事件的实质与危害，震撼人心，这就使文章从表层的表述进入深层的阐发。思想的光芒洞穿事件，启迪人心。然后，又从正面阐明“尊严”的本质内涵，对比强烈，深刻透辟且生动形象。

例3：

《偶像崇拜的背后》片段

周扬扬

每一代人都会有自己的偶像。20世纪70年代，学生心目中的偶像可能是董存瑞、黄继光等革命先烈；20世纪80年代初，学生心目中的偶像可能是爱因斯坦、爱迪生等科技巨匠。随着社会的发展，现在学生心目中的偶像则主要是体育明星和演艺明星。这种变化是价值观念和行为功利化的表现，同时也反映出道德认同的盲目。

“追星”实际上是一种榜样认同和学习。那些被崇拜的明星，往往被青少年当作他们人生发展的楷模、参照系以及心灵寄托。提供什么榜样或展示什么样的榜样对青少年的成长十分重要。从道义上说，我们为青少年提供的榜样应该是富有责任感、奉献精神和创造有价值文化的楷模，而不仅是外表靓丽、风度潇洒、收入丰厚、生活条件优越的明星。这就需要规范大众文化的发展，弘扬主流文化，通过主流传媒来遏制商业传媒的媚俗；通过宣传主流价值观念来消解商业传媒对青少年的负面影响；通过勾画富有感染力的英雄形象来创造另一种明星效应；通过对正义行为的褒奖和对明星某些不良行为的鞭挞来激发道德意识，以形成良性的流行文化氛围。

分析：上述文字揭示了面对偶像崇拜和行为选择时的大众心理，从一个侧面透视了社会避难趋易的心态，由浅层次的列举进入深层的剖析，切中肯綮。

例4：

《你为什么仇富》片段

姚 远

仇富心理不是简单的仇恨发泄，也不是“酸葡萄”的心理在作怪，更不是“羡慕嫉妒恨”的阴暗丑陋；仇富心理的实质是公民尚有良知，有是非曲直在心中，为富不仁的意识在他们心中根深蒂固。人们不能眼看着一个个品行恶劣、胆大妄为、心狠手辣的无赖之徒席卷百姓钱财，破坏金融秩序，生活骄奢淫逸，却逍遥法外，头上还罩着许多炫目的光环。

文明的社会，需要有一批富人。他们勤奋守法，知书达理；他们富有爱心，乐于助人；他们生活检点，关心社区；他们信息灵通，推动生产。富人可以将百姓的心愿化为行动，富人可以将百姓的诉求变为改善的现实。集团的开发、合理有序的投资，促成经济的腾飞、社会的和谐。

分析：上述文字揭示了仇富心理所具有的社会责任意识，敢于担当的精神，敬畏法律、道德的理性内涵，澄清了加在仇富心理之上的偏见。表现出一种一针见血、透彻骨髓的真知灼见。深刻的思考让独到的见解透过文字洋溢思想的芬芳。

【拓展演练】

（1）修改下面的文字，使以下事实论据能够证明“天才在于勤奋刻苦，成功在于坚持不懈”的观点。

牛顿、爱因斯坦、爱迪生都不是神童。牛顿终生勤奋学习，很少在凌晨两三点前睡觉，常常通宵达旦地工作。爱因斯坦中学时成绩并不好，考了两次才被大学录取，学业也并不出众，毕业后相当长一段时间里找不到工作，后来在瑞士伯尔尼专利局当了七年职员，就是在这七年里，他在艰苦的条件下执着地思考、探索，顽强地学习、工作，利用业余时间勾画出了相对论的蓝图。大发明家爱迪生只上了三个月小学，且成绩很差，竟被作为“智力低下者”劝退了，但是他努力自学，对于许多自己不懂的问题，总是以无比坚强的毅力刻苦钻研。为了研制灯泡和灯丝，他摘写了4万页资料，试验过1600多种矿物和6000多种植物。由于他每天都工作十几个小时，比一般人工作时间长得多，他认为这相当于延长了生命，所以当他79岁时，他骄傲地宣称自己是135岁的人。

（2）添加一段分析说理的文字，使以下事实论据能够证明“要重视文化传播”的观点。

“中美文化年”“中希文化年”“中意文化年”“中俄文化年”“中印文化年”和“中韩文化年”的相继举办；中国已在35个国家和地区成立了75所“孔子学院”，并且还有很多“孔子学院”正在紧张建设中；中国政府支持少林寺成立自己的文化传播公司，在许多国家举办少林文化精粹展和进行少林功夫表演；今年10月中旬，国家有关部门正式将“福娃”的英译名由Friendlies改名为Fuwa。

（3）添加一段分析说理的文字，使以下事实论据能够证明“素质才是最重要的”的观点。

某州警察局要通过系列考核招聘一批监管高速公路的巡逻警察。笔试得分排在前10%的应试者自动被淘汰，其余进入下一轮。有人不服，告到法院。但法院的裁定是：警察局的做法顺理成章。因为每天在公路上巡逻是很枯燥的重复劳动，拦截超速行车者又非常危险，需要警察勤恳踏实、专注敬业。根据以往经验，那些考试中分数较高的人，往往过于聪明伶俐、机敏活络，很难长期在这个岗位上恪尽职守。而警察局需要的恰恰是那些不但能胜任并喜爱该项工作，而且能够长期以此为职业的人。由此可见，分数不是最重要的，它背后的素质才是最重要的。

【参考示例】

（一）论据选裁，显性强化

（1）不一致。选文误把“换位思考”等同于了“换角度思考”。换位思考是设身处地地为他人着想，是想人所想、理解至上的一种处理人际关系的思考方式。而换角度思考，是指一个人看问题的角度不同，对事物的认识也会产生变化。材料论据（心情郁闷、终日为女儿生意担心的老太太受邻人开导后开怀而笑）是换角度思考的例子。

（2）钱钟书教授曾这样婉拒一个很想跟他见面的记者：“如果你吃到一个鸡蛋味道好，你会想去见那只下蛋的母鸡吗？”这是一句多么巧妙的语言，它既不失幽默又表达出了自己拒绝来访的意思。更重要的是，这句话没有使钱教授与那位记者的沟通陷入僵硬与冷漠的气氛之中。相反，它使那位记者更加敬重这位知识渊博的老人了。

——《语言是风，沟通是帆》

分析：选文介绍了钱钟书作品《围城》的巨大成功，以及他拒绝英国记者采访的一个小故事。但论据的概括与剪裁，都没能紧紧围绕“语言与沟通”来进行。修改示例没有照搬素材，而是根据话题“语言与沟通”先选择要素，锁定了重心“钱钟书妙语”，删除了关于《围城》巨大成功的内容；然后进一步指出“妙语”妙在何处——“不失幽默又表达出了自己拒绝来访的意思”；最后还告诉我们这一妙语的效果——“使那位记者更加敬重这位知识渊博的老人了”。这样重心集中的概括、有层次的说理分析，有力地支撑了论点。

（3）陈乐平，上海公交车司机。他一直坚守在这平凡的岗位上。人们或许不会关注他，但是有一天，他在驾车时突发脑溢血，在昏迷之前，他将公交车平稳地停靠在了路边，将车门打开让乘客安全下车。这一刻使人们记住了他，并称他是上海市最有爱心的“巴士英雄”。陈乐平用生命的极限为他人搭建了一处爱心的屋檐，保卫了40多名乘客的安全。上海市的公民为他自豪，他的家人更为他骄傲。正是因为这处爱心屋檐，其他乘客才能平平安安，社会才和谐美满，人间才大爱无边。

分析：选文和示例的区别在于论据叙述后的分析上。选文对论据的分析扣住的是“好人”“爱心”“榜样”这样的关键词，而示例才是扣住题目“心灵的屋檐”在进行说理。

（二）论据分析，避免罗列

（1）由此可见，放弃的确是一种智慧，是对生命的过滤，是对自己的重新认识和发现；不学会放弃，就难以成功跨越生命。

分析：论述段在列举了孙中山、鲁迅、梵高的事例后，以“由此可见”概括了这些名人事例的共同意义，有力地论述了“放弃的确是一种智慧”的论点。

（2）正是因为那个青年有着敏锐独特的发展眼光，才发现并抓住了这个别人都抓不住的机遇。让我们用发展的眼光关注周围的生活，关心生活的世界。这样，我们就会发现事物的价值，抓住人生的机遇，创造人生的辉煌。

分析：论述段围绕起始句“用智慧的眼光看世界，就是用发展的眼光抓住机遇”，选用了一个年轻人加工柏林墙砖致富的事例并分析了其致富的原因，在分析中突出了论点。

（3）试问，如果不拒绝平庸，他们还会积极向上地追求生活，实现自己的“达成”吗？答案当然是否定的。

分析：论述段围绕“拒绝平庸是一种积极向上的生活态度”这一分论点，列举了一些事例，然后先分析事例的共同主旨，再用假设推导的方法分析“不拒绝平庸”的后果。分析透彻，说理深刻。

（三）挖掘本质，拨云见日

（1）牛顿终生勤奋，每日长时间地学习工作，终成一代杰出的物理学家；爱因斯坦在七年人生低谷期内的艰苦条件之下仍执着地思考和探索，终于勾画出相对论的蓝图；一度被当成“智力低下者”的爱迪生，正是凭借其对不懂问题的不懈钻研，坚持资料收集和反复试验，才拥有了令整个世界为之改观的上千项重大发明。这些天才原本都不是什么神童，只不过都是因为勤奋刻苦、坚持不懈，付出大量艰辛和努力才成为大科学家、大发明家，并为人类做出杰出贡献的。可见，天才在于勤奋刻苦，成功在于坚持不懈。

（2）所有这些事例充分证明了我国已认识到所有竞争归根结底是文化竞争，因而非常重视自己的文化建设和文化传播。

（3）之所以会出现这样的结果不是该警察局领导的头脑发热，也不是他们的有意炒作，更不是对高分者的偏见；是因为他们深知，分数并不能说明一切，其背后所折射出来的人的素质、特质才是最重要的。最合适的就是最好的。

问题四：如何有效积累和运用素材

一、兼收并蓄，分门别类

【问题描述】

同学们，你已经知道了考场作文最重要的论证方法是列举事例，那你是否在写作过程中想举例时脑中一片空白？你是否在想展开分析论证时发现“巧妇难为无米之炊”？你的作文中是否来来去去都是李白、杜甫、陶渊明等几个人的事例？这些问题的产生都源于作文素材积累太少。没有足够的素材积累，就不可能有内容充实的议论文，更不能让你的作文在阅卷老师那里“脱颖而出”。所以，同学们赶紧行动起来去积累素材吧！

【解决良方】

素材积累非一朝一夕之功，需要同学们主动出击，长期坚持。

首先，要做的是多管齐下，利用各种途径广泛收集素材。这些途径包括课内积累、课外阅读积累、媒体网络资源、生活积累等。这里特别提醒：课内积累除了老师教的、课堂上学的，还包括同学们在做各种练习题、考试题时遇到的作文素材资源，比如实用类文本阅读中的人物传记和人物访谈就能提供不少名人素材。

其次，要把收集到的素材资源进行分门别类的归纳整理，建立起自己的素材库，这样在写作时才能信手拈来。我们可以把素材按以下四个类型进行归类整合：课内素材、课外经典、时事素材、名言积累。课内素材可以从课文作者生平、课文名言警句、课文文学形象三个角度来挖掘。课外经典素材主要来源于经典名著和经典人物。其中伟人、名人等经典人物是积累的重点，也是作文写作中最常用到的素材。此外，现在的作文考试题目越来越关注当下，越来越强调现实的针对性，因此时事素材的积累必不可少。同学们要“家事国事天下事，事事关心”，关注时事新闻、热点新闻，要有胸怀天下、放眼世界的格局。最后，名言必须多记多背，在作文中恰当地引用名言不仅可以增加作文的文采，还能提升作文的思维层次。

【案例分析】

例1：

对《老人与海》这篇课文，多角度挖掘议论文写作素材。

（1）从课文作者生平的角度挖掘素材：作者的人生经历、人生故事、人生信念都是很好的素材。

海明威是美国作家、记者，被认为是20世纪最伟大的作家之一。他在第一次世界大战期间被授予银制勇敢勋章。1937年至1938年，他以战地记者的身份奔走于西班牙内战前线。在第二次世界大战期间，他作为记者随军行动，并参加了解放巴黎的战斗。海明威被誉为美利坚民族的精神丰碑，并且是“新闻体”小说的创始人，因其笔锋以“文坛硬汉”著称。

约翰·肯尼迪曾评价“几乎没有哪个美国人比欧内斯特·海明威对美国人民的感情和态度产生过更大的影响”。

海明威的名言：①每个人都不是一座孤岛，一个人必须是这世界上最坚固的岛屿，然后才能成为大陆的一部分。②比别人强不算高贵，比以前的自己强才是真实的高贵。③自己就是主宰一切的上帝，倘若想征服全世界，就得先征服自己。④一个人的生命价值，已经在追求梦想的过程中充分体现了。

分析：以上这些关于海明威的素材可以用在追求梦想、敢于创新、坚韧不拔等相关作文主题的写作中。

（2）从课文名言警句角度挖掘素材：课文中的名言警句都言简意赅、意味隽永，闪耀着智慧的光芒，包含着深刻的哲理。这些名言是写作的原始素材，可以直接在作文中引用。

《老人与海》中的名言：①一个人不是生来要给打败的，你可以把他消灭，可就是打不败他。②不抱希望是愚蠢的。③绝望是一种罪过。④现在不是去想缺少什么的时候，该想一想用现有的东西你能做什么。

分析：这些名言可以用来阐释坚强不屈、怀抱希望等作文主题。

（3）从课文文学形象的角度挖掘素材：要充分挖掘课文中经典文学形象的思想内涵、性格特征，使其成为议论文的写作素材。

《老人与海》的主人公圣地亚哥垂老渺小、孤独无助、屡遭挫败。他出海捕鱼，接连84天没有捕到一条鱼。从第85天开始，他经历了三天两夜的搏斗，捕获一条比船还大的大鱼返航。可在归航途中，十多个小时内五次与争抢大马林鱼吃的鲨鱼激烈搏斗，最终只带回大马林鱼的骨架。

圣地亚哥身上体现了一种“硬汉精神”：怀着梦想勇往直前，即使在失败已经成为定局时也拼尽全力不让自己的精神被打垮！瑞典诺贝尔授奖委员会这样评价：《老人与海》写的是一个老人，展现的却是一个世界。“描写一个人的能耐可以达到什么程度，描写人的灵魂的尊严！”

分析：圣地亚哥的例子可以用来论证不屈的英雄、顽强的斗争、不放弃的勇气、拼尽全力的奋斗、精神的高贵等作文主题。

例2：

脱贫攻坚素材积累

话题1：责任与担当

要决战脱贫攻坚，关键在人，在于千千万万不忘初心牢记使命的基层干部。他们是时代的“逆行者”，选择到最困难的地方奉献青春，诠释扶贫领路人的责任与担当。

“最美扶贫书记”黄诗燕，九年如一日地坚守在脱贫攻坚一线，带领干部群众走出了一条生态脱贫之路；“让梦想瓜熟蒂落，与村民同频共振”，迎丰村村主任王丰华，与村民同频共振，收集了260多个村民梦想，以梦为马，以心血与汗水为烈火，建设美丽乡村，锻造了熠熠生辉的“迎丰精神”。

他们身上体现的是“一夫当关，万夫莫开”的担当精神，是“捧着一颗心来，不带半棵草去”的无私精神，是“石以砥焉，化钝为利”的攻坚精神。这些基层干部迎难而上、甘于奉献，为贫困群众带来了脱贫致富的希望。

话题2：创新

守正出奇，创新制胜。打赢脱贫攻坚战，靠的绝不是蛮力死劲。扶贫要精准，更要不断追求创新。以新模式、新方法创造更多的脱贫机遇，才能在扶贫路上走得更为稳健、昂扬。

2020年4月，腾讯科技和彭水县人民政府签订了定点帮扶合作协议。腾讯游戏光子团队开启了“创新扶贫”的尝试。光子团队一方面在游戏中植入彭水县当地的特色建筑与文化景观，提高其旅游知名度；另一方面依托游戏直播平台进行带货直播，提高彭水农副产品的销量，实现了以文促旅、以旅助产、以产惠农的目标。

这种创新的扶贫方式开辟了脱贫的新路径，让脱贫工作线上线下两端融合，全面助力彭水决胜脱贫攻坚工作再上新台阶。

话题3：绿色发展

注重抓绿色发展，高效推进生态保护优先战略。要深刻认识到“绿水青山就是金山银山”，努力发展绿色产业，将生态优势转化成经济优势，推动绿色发展理念深入人心。“看得见山、望得见水、记得住乡愁。”乡韵乡愁是割不断的情感纽带，是抹不去的成长记忆。精准扶贫过程中要充分利用乡村文化资源，提升美丽乡村的内在品质和文化气质，让人在看得见山、望得见水的同时，永远记得住乡愁。乡村生态资源只利用不保护，坐吃山空不行；如果单单守着绿水青山，不会科学利用，不善永续利用，也换不来金山银山。

近年来，青海有力实施三江源生态保护工程、大力建设国家公园，让最美的自然得到最严的保护，让很多地方都面貌一新——草场好了，生态美了，牛羊壮了，牧民富了。在三江源地区，1.7万多名牧民放下手中的鞭子，转身当上了管护员，每个月能领到1800元工资。生态管护与精准脱贫相结合，牧民成了美丽家园的守护者。三江源的美丽转变生动表明，只有实现生态美，才能实现生产美、生活美。

……

分析：时事素材纷繁复杂，同学们可以以话题为中心对各类的时事新闻、热点评论进行分类整理，如爱国主义、人类命运共同体等话题。整理时，除了关注事件本身，更要关注文中精辟的点评，积累评论术语、不同的评论角度，这样可以拓展眼界，提升思维层次。

【拓展演练】

（1）以社会主义核心价值观的十二个词（富强、民主、文明、和谐、自由、平等、公正、法治、爱国、敬业、诚信、友善）为话题，分类积累整理素材。

（2）以“爱国”或“爱国主义”为话题，整理相关的时事素材。

二、深入挖掘，一材多用

【问题描述】

同学们，素材积累了很多，那你学会使用了吗？你是否认为一则素材只为一个主题存在？你在叙述素材的时候是否都用同样的几句话？如果你这样使用素材，其实只捕捉到了素材的表层意义，而没有深入挖掘到其中丰富的内涵。你在写作的时候苦于没有很多素材可用，却不知道很多经典的素材都被你“辜负”了，没有用活，用充分，白白浪费了很多可以让作文“发光”的机会。

【解决良方】

素材在精，而不在多，同学们积累的经典名人素材要想方设法用活、用彻底，要把一个素材用出十个素材的效果。要做到这一点，首先，必须充分而深入地挖掘素材，要对一则素材追根究底，要去完善其详细的过程和具体的细节。同学们积累的素材应该是有血有肉、丰富饱满的，而不应该是干瘪的，只有两三句话。如果一则素材内容详细，细节众多，那么在写作过程中它就可以被裁剪出不同的样貌，适用于不同的主题，达到一材多用的效果。其次，旧例也可以翻新，一些老旧素材可以从角度上、表述上去挖掘新意。

【案例分析】

例1：以“苏轼”为素材

话题1：遭遇挫折和放大痛苦

苏轼看见了风。这个曾经辉煌的文人因黄州诗案而开始落魄，流落四方，辗转难安。在赤壁的月夜，他心灰意懒，看“江上之清风，山间之明月”，做他那个神鹤翩跹而舞的梦。面对如江水般深沉的失意，他看见风在山顶呼啸、盘旋，然后带着撕身裂骨的阵痛穿越过漆黑的荆棘林。刹那间，他心中郁结的块垒、缠绕的苦痛随风而散。挫折，痛苦，唯有忘记，顿悟。

于是他逍遥红尘，寄情山水，最终名垂千古。只是，那夜的风，已遗落于岁月，无人见得了……

——《风，可以穿越荆棘》

话题2：自我认识与他人期望

对他充满希望的家人和他共历劫难的友人，受他关爱的世人，无一不期望他能才显四方，官运亨通，济世为民。但是，东坡知道，命运不济，仕途的黑暗之门永远容不下这样一个生性放达的苏东坡。于是，他将功名利禄换了“竹杖芒鞋”，他在缺月挂疏桐之夜，唱“大江东去”，感“人生到处之何似，恰似飞鸿踏雪泥”之淡泊，他不为“蝇头微利，蜗角虚名”触动，只愿“沧海寄余生”。认识自我的苏东坡，从政治的窄门中从容地走出来，他虽与众人所望有悖，却让我们看穿了一个豪放、淡泊、豁达、开明的苏大学士——一代文豪。认识自我就是东坡的明月，照耀他走进了东去的历史长河。

——《诗人·明月·黄花》

话题3：快乐幸福与思维方式

有很多人在困难面前抬不起头来，更谈不上有快乐可言。他们不会笑对人生，只有自暴自弃，快乐离他们很远。让我们看看苏轼，仕途的坎坷，造就这位伟大的文学家，当他和同伴被贬时，同伴已是痛不欲生，但苏轼却以“一蓑烟雨任平生”的心态笑对人生，这是何等的胸怀！有这种胸怀的人还担心快乐会走吗？有这种胸怀的人必定会有自己的幸福，会在人生的扉页上留下光辉的一笔。

——《我的快乐妙方》

分析：每一则素材其实都是一座宝库，同学们要多角度、多层面地认识和运用现有的素材。“横看成岭侧成峰”，用同一个素材，也可以写出有花样的文章。

例2：

放弃坚持，又让情归何处？陆游，才华横溢，情怀细腻。对于感情，即使没有花前月下的浪漫，也应有举案齐眉、恩爱两不疑的追求吧。但是在与寡薄东风的对峙中，他放弃了坚持，任由东风吹散对唐婉的一片痴情。徒留下愁索离绪和沈园的千古凄凉。倘若陆游能再坚持一下，他是否就会换来东风的折服，而不是辜负了与所爱之人执手偕老的诺言抱憾终生呢？

——《坚持是一棵会开花的树》

分析：同学们都知道陆游是南宋爱国主义诗人，熟悉他渴望建功立业、收复北方失地的豪情壮志，也尽知其报国无门的惆怅和叹惋。我们既可以用陆游的素材来写关于爱国主义的文章，也可以像这篇作文一样，书写陆游的儿女情长，用其不能与所爱之人白首偕老的遗憾，反面来论证“坚持是一棵会开花的树”。

【拓展演练】

以"项羽"为素材，分别就"遭遇挫折和放大痛苦"和"相信自己与听取别人意见"两个话题，写两个论证段落。

话题1：遭遇挫折和放大痛苦

____

____

____

____

话题2：相信自己与听取别人意见

____

____

____

____

三、合理演绎，丰富素材

【问题描述】

同学们，你在作文写作过程中好不容易想到可以用来做论据的素材，却发现对素材了解不多，两三句话就写完了；或者你在叙述素材时语言干瘪，只有简单的事实陈述，不能让素材产生更好的论证效果。这时怎么办呢？如何让我们使用的素材变得丰盈，并给自己的考场作文增色添彩呢？

【解决良方】

我们要用好一则素材，可以对其进行合理演绎，让它更饱满生动，用这样的素材作为论据，不仅有论证的力度，还能打动人、感染人。合理演绎就是利用虚构细节、想象情景的方法来扩展素材。我们可以在原有素材的基础上添枝加叶，在合情合理的范围内，想象一个素材人物身上可能有的细节。这些细节并不是凭空捏造的，而是在人们已熟知的事件上更细腻地去描绘当时的情景，这样可以表达更强烈的情感。

【案例分析】

例1：

爱国主义是无数志士仁人在逆境中砥砺前行的精神动力。是夜，万籁俱寂，黯淡的月光中，烛之武借助一条粗陋的绳索，艰难地顺墙而下，迈着蹒跚的脚步走向秦营。这是多么艰难而又伟大的脚步啊，一步迈出，就迈向了有去无回的危险，迈向了生死难料的前途，迈向了危险重重的虎狼之窝。满头的白发在深秋的寒风中飘扬，在这关乎国家生死存亡的危急关头，“我不入地狱，谁入地狱”，国将不存，何以家为？于是，他前行的蹒跚脚步更加坚定。今夜的月光啊，照耀着一个老人执着前行的身影，照耀着一颗慷慨赴难的爱国之心！

分析：这段文字是对课文中烛之武“夜缒而出”这一情节的合理演绎。通过添加“黯淡的月光”“蹒跚的脚步”“满头的白发”等细节，构建出一个忠心臣子为国赴难的感人场景，也突出了“爱国”的中心论点。

例2：

凤凰浴火方能重生，幼蛹破茧才能成蝶。苏武在漫天飞雪中坚守信念，绽放人生光彩。朔风冷冽，他与冷月为伴，北顾中原，将“生是大汉人，死是大汉臣”的信念铭记心间；黄沙漫漫，他与孤冢为伴，放眼远望，将“千金俸禄，高贵官职”的引诱忘却得一干二净；地窖冰冷，将满口的毡毛和草皮一块咽下，心里却沸腾着热血——精忠报国。他用睿智，将光秃的旌节升华为一段不朽的佳话；他用勇气，将苦守的羊群定格为一段千古传奇。飞沙刻画出他手掌的龟裂，他却并没有在这弯道处屈服，几十年的守候等来的是大汉天子的迎归，大汉百姓的敬仰。

——《于生命弯道绽放华彩》

分析：这段文字叙述的是苏武在胡天北地“渴饮雪，饥吞毡”的情节，其中加入了不少细节进行精细地描绘，慷慨之中不失细腻。

【拓展演练】

以“信守承诺”为话题，对“荆轲刺秦王”的素材进行合理演绎，写一个论证段落。

____

____

____

____

四、手法多样，活用素材

【问题描述】

同学们素材积累了不少，作文写作过程中也用上了，但为什么作文分数却没有多大提升呢？其中很重要的一个原因是你在使用素材时都是平铺直叙的，缺少变化，没有让素材真正活起来，达到充实作文内容、提升作文文采的效果。所以，我们在使用素材时不妨多玩点“花样”，让阅卷老师眼前一亮，也让你的作文分数跟着涨一涨！

【解决良方】

正如我们可以用不同的修辞手法把事物描绘得生动形象，我们也可以采用多种手法来活用素材，让素材不仅能证明观点，还能增加作文的文学性。这里介绍活用素材的四种手法：其一是排比列举法，即把关于同一个主题的至少三个素材按照一定的逻辑关系连缀成篇，铺陈开来，以达到增强气势、增加文采的效果。其二是对比映衬法，即把性质上相反的两个素材加以对照、比较后，推导出它们之间的差异点，使结论映衬而出，观点鲜明突出。同一个素材也可以将前后不同阶段进行纵向比较。其三是假设分析法，即针对所举事例，从反面进行假设，在对比中突出论据的真实性、可靠性，从而有力地证明论点。这种方法可以采用以下句式：如果不是（没有）……，那么……；假如……，那么……；试想……；倘若……。其四是改变句式法，即在叙述事例时，可以把陈述句改为反问句或者设问句，通过句式的改变来增强语气，突出文章观点。

【案例分析】

例1：排比列举法

爱国是烛之武在国家生死存亡时刻，抛开个人得失，识大体，知大局，毅然决然地选择前行的脚步。爱国是杜工部在多病孤独之时，依然心系天下，忧社稷，忧万民，不忘初心写下的爱国的诗篇。爱国是朱自清在潦倒穷困之时，选择忍饥挨饿，弃苟活，留清白，不食美国面粉的铮铮的铁骨。

——《爱国是一种选择》

豪迈慷慨的人生态度让人生充实、快乐。但凡有名留世者，无不拥有豪迈慷慨的人生态度。“天生我材必有用，千金散尽还复来”是李白自信的豪迈慷慨；“黄沙百战穿金甲，不破楼兰终不还”是王昌龄杀敌报国的豪迈慷慨；“关河梦断何处”是陆游壮志未酬的豪迈慷慨……这些彪炳史册的人，哪一个不是拥有豪迈慷慨的人生态度？

——《拥有豪迈慷慨的双翼去飞翔》

分析：用排比句的形式列举一组素材，可以是事例的排比，也可以是名言名句、诗词歌赋的串联。这种素材的集中展现，不仅会加强语势，加重感情，而且会更有力度地表达文章的观点。

例2：对比映衬法

面对匈奴单于的威逼利诱，卫律选择了投降，用自己的尊严换取了拥众数万，换取了马畜满山，当然也落得了一世的骂名；苏武却选择了坚守，他用自己的坚守熬过了羞辱欺侮，熬过了漫长的十九年，当然也赢得了世人的称赞。历史是公平的，时间是公正的。没有人能够躲得过历史的审判，时间会让真正的英雄永留人间！

——《英雄永留人间》

陶渊明，他曾背离过初心，终也归心。“少无适俗韵，性本爱丘山”正是他原本的心之所向。在他步入官场前，或许也踌躇徘徊过，但最终还是违背了自己的志趣，踏进世俗。然而，初入仕途便被人轻视，自己又不愿与人同流合污。他的本性决定了他与时政格格不入。羁旅十三年，最终以一句“不为五斗米折腰”潇洒地归园田居。在那里，他重拾初心，做出绝世田园诗篇，实现了自己最大的价值。这是一个最真实的陶渊明。

——《勿忘初心》

分析：第一个语段通过卫律和苏武面对单于威逼的不同选择形成横向对比，来论证谁是真正的英雄。第二个语段通过陶渊明不同人生阶段的纵向对比，突出了回归初心的主旨。

例3：假设分析法

汉初三杰之一的韩信，当年战功赫赫，被封为齐王，而他却毫不满足，拥兵自傲，索地觅封侯，终被降为淮阴侯，又因谋反罪被杀，三族诛灭。若他也能像张良那样，拒绝刘邦的封赏，甘居小小的留地，又怎会葬送了一世

英名？身居高位，已属不易，为何不好好珍惜，非要更上一层楼呢？自古圣贤，都是懂得安于现状而谋大计的，晋文公重耳身受迫害，亡走诸侯，饱尝颠沛流离之苦才成为一代霸主。试想这些人当初如果都不肯安于现状，岂非是重耳扶剑自刎，勾践以卵击石，不韦愤愤而终？安于现状，并非是让人不求进取，而是在不断磨炼中，完善自己，厚积薄发。正如楚庄王“三年不飞，一飞冲天”，“三年不鸣，一鸣惊人”。

——《说“安”》

分析：我们在使用素材证明论点时，如果简单叙述完事例后无话可说，可以采用反向假设的方法来重新强调事例的内涵。这种方法不需要补充新的内容，又自带对比的效果，不仅可以使论证更充实，还能增加文采。

例4：改变句式法

是谁，让自己的画像和雷峰、焦裕禄等名人并列在一起？是谁，让国家领导人在外国友人面前多次提起自己的名字？是谁，连续打破钻井的记录？是他，号称“铁人”的王进喜。这一切都是他靠拼搏取得的。

——《拼搏方能成功》

分析：这个语段通过设问的句式来自问自答，给人耳目一新之感；在突显作文观点的同时，又使作文的句式富于变化，增加了文采。

【拓展演练】

（1）以“意气”为话题，用排比列举法写一个论证段落。

____

____

____

____

（2）以“拒绝平庸”为话题，用假设分析法写一个论证段落。

____

____

____

____

【参考示例】

（一）兼收并蓄，分门别类

1.“兼收并蓄，分门别类”分析（表2–1）

表2–1 “兼收并蓄，分门别类”

价值观	名言	事例	经典论述	自己的论述
公正	公者无私之谓也，平者无偏之谓也。公与平者，即国之基址也。 ——清·何启 在政府事务中，公正不仅是一种美德，而且是一种力量。 ——拿破仑 虚荣告诉人们什么是荣誉；良心告诉人们什么是公正。 ——兰多 待人不公正比受到不公正的待遇更有失体面。 ——柏拉图 对他人的公正就是对自己的施舍。 ——孟德斯鸠	①包拯是中国历史上著名的清官。包拯成为清廉的象征。“龙图包公，生平若何？肺肝冰雪，胸次山河。报国尽忠，临政无阿。杲杲清名，万古不磨。”他的内心有一杆秤，这杆秤不因个人私情而偏颇，不因贿赂财物而动摇，公正面前没有私情。 ②曼德拉是南非第一位黑人总统，他同南非种族隔离制度进行了几十年不屈不挠的斗争，赢得了全世界人的支持和喝彩。早在童年一次次的“斗争”中，曼德拉就逐渐立下志愿：要为南非的每一个黑人寻求真正的公正。	社会主义核心价值观之公正：从古至今，人们所追求的所有资源、机会，都是建立在公平正义的基础上。这是人们愿意为之努力、追求幸福的基础。如果没有这个前提，人们一切的努力都将付之东流，也就不存在什么建设了。 单单看这两个字可以发现，公正等于公平、正义的结合，在公平的基础上伸张正义就是公正。	公正有两个方面，一种是处理别人问题的态度，另一种是每个人自身心中应该普遍拥有的意识。公正的人对于人们来说，他的公正是一种力量，能使人们崇尚这样的力量而主观愿意去选择、相信和支持公正的人。对于每个人自身，公正理应成为一种人格意识。这种意识是：我要做到公正。这既是对于公正的认同，也是对于自我行为的一种约束。

2. 兼收并蓄，分门别类的案例

（1）两弹一星科研工作者

在革命、建设和改革开放的90多年里，广大知识分子胸怀赤子之心，坚守报国之志，为党和人民建立了彪炳史册的功勋，筑起了中华民族的精神丰碑。“两弹一星”精神第一条，就是热爱祖国、无私奉献。“回国不需要理由”“我们中国要出头”。当年，钱学森、邓稼先、郭永怀等知识分子冲破层层阻碍回到祖国，隐姓埋名、默默效力，铸就了共和国的“核盾牌”。他们是中华民族的脊梁，知识分子的楷模。

（2）隐姓埋名的英雄

王淦昌与邓稼先，为研制“两弹一星”，离家28年，家人竟不知道他们去了哪里。为了保密，王淦昌改名为王京。一年除夕夜，两人在帐篷里相互敬酒，邓稼先对王淦昌说：“叫了王京同志几十年，叫一次王淦昌同志吧！”此情此景，彰显爱国情怀，展示奋斗精神，令人肃然起敬。

（3）有关论述

① 爱国主义是对中华儿女团结奋斗的最高感召。范仲淹的“先天下之忧而忧，后天下之乐而乐”，陆游的“王师北定中原日，家祭无忘告乃翁”“位卑未敢忘忧国”“夜阑卧听风吹雨，铁马冰河入梦来”，文天祥的“人生自古谁无死，留取丹心照汗青”，林则徐的“苟利国家生死以，岂因祸福避趋之”，岳飞的《满江红》，方志敏的《可爱的中国》……这种感召无疑是伟大而永恒的。

② 爱国，是人世间最深层、最持久的情感，是一个人的立德之源、立功之本。孙中山先生说，做人最大的事情“就是要知道怎么样爱国”。我们常讲，做人要有气节、要有人格。气节也好，人格也好，爱国是第一位的。

③ 爱国主义是中国知识分子家国情怀和社会责任感的核心。正所谓“修身齐家治国平天下”“为天地立心、为生民立命、为往圣继绝学、为万世开太平”“先天下之忧而忧，后天下之乐而乐”。

（二）深入挖掘，一材多用

话题1：当楚歌的旋律从四面八方传来，像蚀人心魄的魔音一般折磨着你的耳鼓，纵情的眼泪冲垮了你的伟岸。当“力拔山兮气盖世”的伟绩褪色成一页泛黄的丹青，与斜阳下汉家传唱的“大风起兮云飞扬”一起远去，只留下你长长的让人捉不到的背影。你用一句“无颜以对江东父老”终结了曾经辉煌的一生，却不知，没有挫折的人生不一定是壮美的人生，而沉湎于挫折后的痛苦却不能自拔的人生注定是悲剧的人生。项羽兵败自刎，失败的痛苦渲染了滔滔乌江之水，把自己的壮丽抹杀得所剩无几。

话题2：翻滚奔腾的江水已经变成了血色，阴霾的天空中盘旋着一只雄鹰，它嘶鸣着拍打着翅膀，怎无奈这劲风强悍，迎风而上却只能徒劳落下。随风而扬的是凄楚的歌声，这是40万楚兵的死亡之歌，其声何等悲烈，痛彻心扉！我想：霸王已经再也听不到了。鸿门宴错失良机，亚父范增良言未被项羽采纳，是因为他念故情有妇人之仁吗？不，是因为他过于相信自己的判断。他认为刘邦不过是手中一颗棋子罢了，不会对他构成威胁。放虎归山，等待他的，只有死亡。

（三）合理演绎，丰富素材

一袭青衫，三尺长剑，涉过冰凉的易水，翻过巍峨的群山。烈烈长风，你倚剑而行；皑皑白雪，你拔剑而歌。只为樊於期的信任，只为太子丹的嘱托，只为燕地万千百姓期待的眼神，你守住了一份承诺。面对居高而坐的秦王，面对秦国群臣的轻视与嚣张，面对如狼似虎、凶猛扑来的秦军，你一往无前。那误中大殿铜柱的匕首在空中划出耀眼的光芒，照亮了战国黑暗污浊的天空。是的，只因心中的那份坚持，你用生命在兑现许下的承诺，你用诚信在漫长的历史长河中，谱出一曲荡气回肠的慷慨悲歌。

（四）手法多样，活用素材

（1）人有意气，才能千古留名，流芳百世，才能在国家危难之时挺身而出。几百年的风风雨雨，早已涤荡了风波亭的点点残血；几百年的潮起潮落，早已淹没了零丁洋里的声声叹息；几百年的猎猎西风，早已拂走了牧羊的老者；几百年的漫漫黄沙，早已淹没了西域路上的声声驼铃……然而，岳武穆的满腔热血，文天祥的一颗丹心，苏武的一根竹杖，张骞的十几年牢狱之苦，早已印入史册，成为民族的精神瑰宝。若无意气，他们怎会有如此壮行?

（2）拒绝平庸，是一个延续性的动词，有一次的行动不够，还得一直坚持下去。“伤仲永”的故事谁没读过？天资极高的方仲永绝不是庸人，五岁赋诗的他可谓是罕见的奇才。但在各种因素的影响下，方仲永没能凭借聪慧的头脑用学习提升修养，几年后“泯然众人矣”。假若方仲永能一直保持对书本知识的渴求，日积月累，勤学不辍，他在文学上的造诣恐怕是不输于写下“伤仲永”的王安石吧。所以拒绝平庸绝不是靠三分钟的热血，它需要超出常人的努力、坚定不移的信念和金石可镂的精神。以非凡的毅力，造就非凡的人生。

问题五：如何在文章末尾总结升华

一、引用佳句，以少胜多

【问题描述】

同学们在学习了各种行文“套路”之后，一定都知道了结尾点题的必要性。无论你的作文现在处于什么层次，结尾点题，多少都可以增加你的作文分值。可你是否也曾有这样的困扰：为了在结尾重申主旨，我们会重复开头或者标题，亦或把分论点再罗列一次，但这样可能会显得自己技穷，行文单调，重复啰唆，收束乏力，从而使文章感染力被削弱。

【解决良方】

这个时候，你可以尝试用某些技法优化你的结尾方式，例如引用佳句。在结尾语段，可用佳句重申观点；以佳句为论据，强化论述；以佳句抒怀，使文章余韵悠长；以佳句比兴，使结尾文采亮眼。合理引用，借他人之言明己之志，可以达到以少胜多，给全文增色的效果。

不过我们要注意一点：从表达上来说，名言佳句在议论文写作中是一把双刃剑。运用得当，有警醒人心、言简意丰、增强说服力的效果；运用不当，则有堆砌拼凑的嫌疑，还有显得自己逻辑不清的危险。因此在引用时我们要在行文逻辑上留心考量。

【案例分析】

（一）以佳句重申观点，结尾再次强调

1. 引用佳句，重申观点

我们还是要对自己的道德水平有信心，更应该了解自己的法治进步。电影《烈日灼心》中，警察伊谷春说过：我很喜欢法律。法律更像人性的低保，是一种强制性的修养。给道德与法律一个清晰的边界，让法律的归法律，让道德的归道德，很多事情就没那么复杂。当法律分解掉不必要的社会协作成本，道德自会去洗刷人们的内心。

——人民日报评论员文章《法律应是人性的低保》

分析：结尾用电影中警察伊谷春的台词，再次强调观点，并回应标题。

2. 仿写佳句，强调观点

《黄金时代》中有句台词："我不能决定怎么死，怎么生，但我能决定怎么爱，怎么活。"我说，"我不能决定行多久、多远，但我能决定怎么一路向前，怎么一路高歌。"

——优秀作文《行以致远》

电视连续剧《潜伏》里有一句台词：有一种胜利叫撤退。仿造这个句式，我想说：有一种理智叫舍弃。

——优秀作文《有一种理智叫舍弃》

任正非说，烧不死的鸟是凤凰。是的，浴火而生的中国文化进程必将引领世界。

——优秀作文《文明的进程》

分析：以上三例中，并非直接用佳句来重申观点，即引用的句子并不是观点本身。而是仿照其句式，将自己的观点再表述一次。表面上仿用了它的句式，实则是仿用了它的内在逻辑，使我们的观点表述更具有逻辑性、合理性。

（二）以佳句为论据，文末强化论述

例1：

鲁迅说过，要看各样的书，即使和本业毫不相干的，也要泛览。卢梭则强调，读书不要贪多，而是要多加思索。道出了读什么书和怎样读的问题，明乎此，力行之，便会臻于大境界。

——优秀作文《阅读的三重境界》

分析：作者认为我们应该追求第三重境界，因此在文末引用了鲁迅和卢梭的言论，用以强调要达到最高境界的阅读，既要"去功利化"，又要"去消遣化"。

例2：

书籍的生命是被阅读唤醒的。正如有人所言，节日的意义并不仅仅在于纪念，更在于在这一天做具有相同意义的事，从而形成强大的共识生长力和行为影响力。世界读书日的到来，既是一个提醒，也是一份倡导。以书为

伴，让阅读成为一种生活方式，我们拥有的，将会是强健的精神筋骨，我们收获的，将会是丰盈的精神生命。

——人民日报人民时评《让精神在阅读中丰盈》

分析：这篇时评发表于2020年4月23日第二十五个“世界读书日”，《人民日报》在节日的这一天发出倡导——让精神在阅读中丰盈。文末引用一句人们对节日意义的阐释，其意在表明：读书日这一天大家都要去读书，节日才具有意义；这个节日的到来既是一份提醒、也是一份倡导，倡导大家以书为伴，越多的人投入阅读，就越会形成强大的共识生长力和行为影响力。

例3：

百年前，孙中山先生说：“天下大势，浩浩荡荡，顺之者昌，逆之者亡。”人工智能是我们生活的需要，是未来社会的发展趋势，是历史的必然。我们需要拥抱科技给我们生活带来的便利，但也必须形成科技时代的生活思维，清醒地认识到：人工智能不可能完全替代人，我们更不能主动让人工智能完全取代我们的思维和劳动，使自己成为“高能白痴”。对于劳动的价值和意义，我们依然要理性且心存敬畏！除了防范人工智能失控等“异化”风险，作为现代人，我们更要坚持人作为人存在的价值理性和人生意义——未来的美好的智能生活，仍然需要我们现在和未来“干一行、爱一行”地发挥人的主体能动性，扎扎实实地为社会劳动奉献，成就丰富多彩而有价值的人生。

——优秀作文《尊重劳动，才有美好未来》

分析：文章最后一段，孙中山先生的名言突显了“顺应时代发展规律”的重要性，人工智能就是未来社会发展的一种趋势，是历史的必然。该段内容引用先生名言论及人工智能理论，以不可辩驳的气势旗帜鲜明地表明：我们需要人工智能，我们需要拥抱科技给我们生活带来的便利。当然对人工智能的接纳，不代表对劳动的否定，一是一否，正是作者辩证思维的体现。

例4：

《鱼丽之宴》中说：“我曾见的生命，都只是行过，无所谓完成。”功不在我，功必有我。我们应该秉承着这样的信念，一苇以航，携手同一世界，驶向美好明天！

——优秀作文《一苇以航，通彼远方》

分析：本文在开头提出观点——我们青年人应该凝聚成“命运共同

体”，承担责任，努力拼搏，以驶向美好的明天。文末作者以两个内涵丰富、哲思深厚的引用句来强化论述。“我曾见的生命，都只是行过，无所谓完成”，这是木心先生在回望往事、参悟人生的时候发出的慨叹；“功成不必在我，而功力必不唐捐”是胡适先生对毕业生的鼓励和期待，这里是化用。作者引木心之语与本文对“命运共同体”的思考相扣合，意在强调个人在历史进程中是渺小的，许多“个人”加起来才是“时代”。化用胡适之言，表明当代青年应有的担当：不求“功成”之誉，要有“功成不必在我”的精神境界；出“功成”之力，要有“功成必定有我”的历史担当。此两句一引，文采立增，使文章结尾言简意丰。

（三）以佳句抒怀，结尾余韵悠长

亚里士多德曾说，时间碾碎万物，一切都因时间的力量而衰老，在时间的流逝中被遗忘。一百年了，先驱已逝，但五四精神呢？胆气与担当呢？

雪崩的时候，每一片雪花都有责任。书桌前的我，抬起头，那远方清晰可见，那巨人的言语久久回荡：无限的远方，无数的人们，都和我有关。

——优秀作文《忆五四峥嵘岁月，请长缨不负青春》

分析：问而不答，以鲁迅先生名言作结，实则清晰而坚定地回答了自己关于五四精神、胆气与担当的发问。达到以少胜多，余韵悠长之效果。

（四）以佳句比兴，结尾文采亮眼

“江山留胜迹，我辈复登临。”中国不乏生动的故事，关键要有讲好故事的能力；中国不乏史诗般的实践，关键要有创作史诗的雄心。相信我们这个时代的文学家、艺术家不仅有这样的雄心，而且有这样的能力。只要我们牢记使命、牢记职责，不忘初心、继续前进，就一定能同党和人民一道，努力筑就中华民族伟大复兴时代的文艺高峰。

——人民日报社论《筑就民族复兴时代的文艺高峰》

分析：文章末段开头引用孟浩然《与诸子登岘山》中的诗句：“江山留胜迹，我辈复登临。”正是以“登山览胜迹”起兴，又以“胜迹”比喻当前这中华民族复兴时代里那些“生动的故事”“史诗般的实践”；再以“我辈复登临”，比喻人们去复现、去讲述这些生动而伟大的故事。

【拓展演练】

阅读下面的文字，根据要求作文，写一个作文结尾，要求运用引用的手法。

有一种观点认为：作家写作时心里要装着读者，多倾听读者的呼声。

另一种看法是：作家写作时应该坚持自己的想法，不为读者所左右。

假如你是创造生活的“作家”，你的生活就成了一部“作品”，那么你将如何对待你的“读者”？

根据材料写一篇文章，谈谈你的看法。（2019年高考浙江卷）

____

____

____

____

二、巧妙发问，引人深思

【问题描述】

我们常常以“呼吁”的方式作为文章结尾，可是我们写出的“呼吁”语言又往往缺乏思想深度、浮于表面，难以真正打动读者。如何才能在结尾处真正牵动读者的神经呢？

【解决良方】

我们不妨试试发问。这种方式的优势是启发人心，引起读者对文章论及的话题做进一步思考。发问可以采用设问或反问，设问可以回答，也可以不回答。自问自答，可引发思考、强化情感；问而不答，可令人深省，有效地延展思想的长度。

要注意的是，提出的问题要符合行文的思维逻辑，不要牵强附会，生搬硬套。

【案例分析】

1. 自问自答

例如，写关于“家国情怀”的作文，我们可能会用一个祈使句作结。

让我们用真正的热爱灌溉，使家国情怀常开不败！

如何用设问来优化我们的结尾呢？我们来看看人民时评《家国情怀凝聚奋进力量》的结尾。

家国情怀，永远是凝聚人心、汇聚民力的强大力量。当前，世界百年未有之大变局加速演进，国内改革发展稳定任务艰巨繁重，如何乘势而上实现更大的发展？如何防范风险确保国泰民安？站在“两个一百年”奋斗目标的历史交汇点上，“家国”既是我们奋发进取的方向坐标，更是我们攻坚克难的信心所系。不平凡的2020年，必将因为不平凡的奋斗载入史册。从5000多年文明发展的苦难辉煌中走来的中国人民和中华民族，必将在全面建设社会主义现代化国家的新征程上创造新的历史伟业！

分析：结尾发问，引发读者思考；自问自答，再次突显“家国情怀”之意义重大；强化情感，为文章的意蕴赋予深入思考的深刻性与独特性。

2. 问而不答

（2005年高考四川卷）请以“忘记和铭记”为话题，写一篇不少于800字的文章。立意自定，文体自选，标题自拟，所写内容必须在话题范围之内。

一考生就这个话题写了题为“米卢与孔明”的文章，其结尾如下。

为何千年的文化积淀却让我们越发的功利与短视？为何我们在现代社会里沐浴着文明，却在心中滋长着狭隘？米卢与孔明，我们对待他们又为何如此不公？我们是否也应该重新审视该怎样对待忘记与铭记？

分析：在古今人物对比之后，作者在结尾处进行了一连串的发问，将读者的思考延展到社会、文明的层面，从而进入更深邃而理性的思考领域，令人深省，引人警醒，主题得以升华。

【拓展演练】

请用发问的方式，为下面这个作文题写一个结尾。

阅读下面的材料，根据要求写作。

“民生在勤，勤则不匮”，劳动是财富的源泉，也是幸福的源泉。“夙兴夜寐，洒扫庭内”，热爱劳动是中华民族的优秀传统，绵延至今。可是现实生活中，也有一些同学不理解劳动，不愿意劳动。有的说：“我们学习这么忙，劳动太占时间了！”有的说：“科技进步这么快，劳动的事，以后可以交给人工智能啊！”也有的说：“劳动这么苦，这么累，干吗非得自己干？花点钱让别人去做好了！”此外，我们身边也还有着一些不尊重劳动的现象。这引起了人们的深思。

请结合材料内容，面向本校（统称“复兴中学”）同学写一篇演讲稿，倡议大家“热爱劳动，从我做起”，体现你的认识与思考，并提出希望与建议。

要求：自拟标题，自选角度，确定立意；不要套作，不得抄袭；不得泄露个人信息；不少于800字。（2019年高考全国Ⅰ卷）

三、自创诗句，文采飞扬

【问题描述】

有的同学语言功底相对较好，在文章结尾处可熟练运用引语整句等来增添文采，但常规的方法有时不足以彰显自己的个性，不足以显示自己驾驭语言的能力，他们希望在文采方面有更大的突破。

【解决良方】

以创作或者改编诗歌收束全文，必定增文采、留余味、耐咀嚼。这样做要注意的有两点：其一，要与文章文风相契合，否则有出戏之感；其二，诗歌不宜长，否则恐喧宾夺主，也有占行数、凑字数之嫌。

【案例分析】

年轻人，来生要记住，在迷津渡口千万别选错。诚信是人生幸福的源泉，不可丢。仅以此诗作结。

迷津渡口诚信抛，
一生苦恨悔难消。
且将虚伪付江澜，
斩闯红尘任逍遥。

——优秀作文《代抛弃诚信者拟墓志铭》

眼前的一切还在，对于我们的不辞而别，它们不诉离伤。只有我们的心里存着轻轻的离别的苦涩。

一场华美的宴会，终于曲终，人散。

从此刻启程
不要睡去，不要
亲爱的，路还很长
不要靠近森林的诱惑
不要失掉希望
我将在那儿
守护你疲倦的梦想

赶开一群群黑夜

只剩下铜鼓和太阳

或许毕业之前的成长里有着苦涩、疼痛与快乐，然而他们终于像时光里的轻烟一样，从容自然淡去。至于记住与否，那已经无关紧要。因为有些东西在我们的生命中，如同风飞过青山，燕飞过屋檐，只要有过，就已经足够了。

——优秀作文《品尝高考》

分析：两个结尾范例，一个自创古体诗，一个改编现代诗。都在结尾处给文章增添意蕴和文采，余韵悠长。

【拓展演练】

请为下面这个作文题写一个结尾，语段中含有自创小诗。

我们在长辈的环绕下成长，自以为了解他们，其实每一位长辈都是一部厚书，一旦重新打开，就会读到人生的事理，读到传统的积淀，读到时代的印记，还可以读出我们自己，读出我们成长时他们的成长与成熟，读出我们和他们之间认知上的共识或分歧……

十八岁的我们已经长大，今天的重读，是成年个体之间平等的心灵对话、灵魂触摸，是通往理性认知的幽径。请结合自己的生活阅历深入思考，围绕“重读长辈这部书”写一篇作文。

要求：①自选角度，自拟标题；②文体不限（诗歌除外），文体特征鲜明；③不少于800字；④不得抄袭，不得套作。（2017年高考天津卷）

____

____

____

____

【参考示例】

（一）引用佳句，以少胜多

卢新华先生的“人生三书”何尝不是如此？有字书无字书来自外界的现实，来自我们与读者的互动，来自我们对读者期待的揣摩。心灵之书来自你自己，但不是人人都能领略到内心的风景。有人只读有字书无字书，为读者的目光而活，或许最后也有人前的光鲜，心灵却是一片荒漠；有人只读心灵之书，无视读者的眼光，高蹈于现实之外、虚妄之中，或许如丹柯高举的一捧心火，虽壮丽决然，却也难掩一声叹息。说到底，人生何如与读者无关，但人生选择却可以有读者作参考。与其拘泥于外界读者做何感想，不如期待自己作为一个读者，日后会如何看待自己的生命。读者的目光给我们戴上了镣铐，可又有谁能说，戴着镣铐就无法起舞呢？

分析：除了直接引用，我们还可以使用“化用”。本语段中有两处“化用”，一者是作家卢新华的“三本书”哲思，“人应该读三本书：第一本大书，是有字之书，是古往今来的一切书本知识；第二本大书，是无字之书，是自然和社会这本书；第三本大书，是心灵之书。”此句曾被2017年浙江高考作文题援引；一者是歌德提出的“作诗是戴着镣铐起舞”。把名言佳句中的核心要素化用，可以让句式更灵活，减少堆砌之感；又能不受原句内容的限制，让其核心要素或者内在逻辑为我所用。

（二）巧妙发问，引人深思

分论点一：劳动是立身之本、进步之源。

分论点二：劳动不等于苦力，而要结合智慧与责任。

结尾：劳动，或许潜于波光水影之下，却是时代大潮不息奔涌的河流的河床。河流越是磅礴，河床越要坚固。怎可轻视劳动？怎能背弃劳动？难道人民要沦为病夫？难道国家要积贫积弱？我们不仅要积极劳动，更要思考如何劳动，将才智与担当融入其中，我们的劳动，必将涌现出不竭的创造！

（三）自创诗句，文采飞扬

未曾想过读你，未曾细细读你，
我们早已熟悉，却又从未相知。
蹒跚的步履，句读岁月；
层叠的皱纹，刀笔光阴。
不知何从读起，只想与你一起——
捧读时代的余热，
嗅得智慧的书香缕缕……

问题六：如何改造平淡无力的语言

一、巧用比喻，寓理于形

【问题描述】

关于议论文写作涉及的文章结构、论证方法、点题思维等内容，都是老师们重点教学和反复强调的。同学们在做好这几个方面的基础上，还想让自己的作文分数更上一层楼，就必须进行语言锤炼。我们的议论语言存在一些常见的问题：词汇贫乏，用词陈旧；平淡，口语化严重；苍白，缺乏感染力；枯燥，不够生动形象直观。如何通过对语言的修饰，使我们的文章更加具有感染力、说服力，更加有文采，也是常常困扰我们的问题。

【解决良方】

此刻，“巧用比喻”就是解决我们语言平淡无力问题的好方法之一。在议论文写作中巧设比喻，可达到化抽象为具体、化艰深为浅显、化枯燥为生动、化冗长为简洁的效果。

同学们可能会问：如何选择喻体呢？又在什么位置设喻呢？下面我们就来谈谈如何在议论文中设喻，为文章增色。

（1）在议论文中设喻，须知寻找喻体的原则。

① 以小见大，就近取譬。要精选生活中人们熟悉的事物作为设喻的喻体。喻体如果不是人们熟知的，就达不到目的。

② 不求形似，务求神似。议论中设喻与描写中设喻的喻体不同。描写中设喻的喻体是为了强调特征、描绘事物，侧重形似，以形比形；而议论中设喻的喻体是为了阐发观点、以正视听，力求神似，以义取形。

（2）除了在议论文的论证部分使用比喻论证，我们还能在哪里设置比喻，并对文章的文采产生较大的良性影响呢？当然是议论文的关键位置——标题、论点、分论点。

【案例分析】

1. 标题设喻

标题通常需要点明文章中心，若加之以恰当比喻，必能给读者留下深刻印象。请看2018年《人民日报》获奖标题——“穿越历史的真理之光”。

分析：“穿越历史的真理之光”，将马克思主义普遍真理的特质，比作“一道亮光”，这“亮光”足以“穿越历史”，说明了马克思主义具有经得住时间检验的科学性。同时又表明了本文对《共产党宣言》的纪念，不是就历史说历史，而是用历史指引现在、观照未来。一个贴切的比喻使标题内涵丰富，高度凝练，思想性与艺术性相得益彰。

2. 总论点设喻

总论点，也可以考虑用比喻句来写。《人民日报》发表评论“罗尔事件”的评论文章《法律应是人性的低保》，不仅标题用比喻，其观点表述中也用了成套的比喻。

一些个人求助之所以引发了阵痛，是因为没有发挥法律的社会行为疫苗作用，还是依靠道德的免疫作用在痛苦地自愈。

分析：在这个观点表述中，将“法律”比作“疫苗”，将“道德”比作“免疫力”，非常简洁地表明了其观点：很多不够规范的个人求助，引发了社会信任危机；而造成此后果的重要原因是某些平台在发布求助时，缺少依法对求助者进行问询和提示的环节，同时也没有对捐助者进行提示，没将“丑话说在前面”；当不良后果产生时，人们只能通过自身的道德来洗刷内心，维持信任、爱心和善良。可见，用比喻来写观点，既生动简洁，又耐人寻味。

3. 分论点设喻

例1：

以2017年全国三卷为例，我们来为以“我看高考”为副标题的文章拟三个分论点。

四十年前，高考是千军万马过独木桥。

四十年后，我国教育状况获得了极大的改善，学生上大学接受高等教育的机会增多。

高考仍然需要改革，需要用更多元的方式选拔人才。

显然，三个分论点层次很清晰，可惜语言尚不够生动。第一句使用了

“独木桥”这个大家熟悉的比喻，为什么我们表述后面两个观点时不继续使用比喻呢？我们来看看优秀作文《从独木桥到阳光道——我看高考》中三个分论点的表述。

四十年前，高考是一座通往理想彼岸，却随时有跌落深谷的危险的独木桥。

四十年后，高考是一条宽阔稳固的阳光大道，是付出便有收获的寒门子弟的成功之道。

高考仍然需要改革，需要从“阳光道”向不定方向的“自由原”转变。

分析：我们不难发现“独木桥”“阳光道”“自由原”三个比喻，它们在道路的宽度和向度上有层进关系，恰当而生动地表明了作者的观点。

例2：

我们用三个论点来阐释“文化何以自信”的命题。

我们的文化，历史悠久。

我们的文化，高迈超绝。

我们的文化，多元多样。

这样写，其实也未尝不可，但我们是不是可以考虑用三个比喻来美化它们呢？且看《人民日报》文章《文化何以自信？有三个比喻值得沉思》给我们的示范，其三个分论点和结尾是这样写的。

何以自信？有三个比喻，值得沉思。

文化，可喻之为河。

文化，可喻之为山。

文化，也可喻之为海。

“仁者乐山，智者乐水”。长河浩荡，在时间的轴线上，把握住历史、现实与未来；高山巍峨，在精神的维度中，把握住时代精神、民族精神与核心价值；大海空阔，在世界的尺度上，把握住文化的交锋、交流与交融，才能建立起真正的文化自信，让当代中国大踏步走向世界、走向未来。

分析：三个比喻本身极为简单，但它们可视可感，从不同维度揭示了民族文化的特点，又自成体系，构建出中国文化的“形象”。

例3：

再以2019西城高三一模作文《时代的航标》优秀作文为例。题目要求如下。

校训，体现了一所学校的办学理念、治校精神与文化内涵。拟定或选择校训，是校园文化建设的重要内容。在“我所推崇的中学校训”总决选中，面对以下三组呼声较高的候选者，你认为哪一组最好？请以“时代的航标——我为什么要投它一票”为题写一篇议论文，体现你的思考、权衡与选择。

要求：选好角度，观点明确；论据恰当，论证合理。

候选校训：

第一组：竞争拼搏超越

第二组：向善笃学强身

第三组：律己乐群为公

请看优秀作文范例《时代的航标——我为什么要投它一票》中的三个分论点，以及其“倒数第二段”和结尾段。

向善倾向是如静水一般温润无声的心水，它是品德文化的积流，是道德正义的厚积。求善倾向，在经典中提出，以标志人们对生活中真善美的关注，对品正性淑的求索，至今仍有其现实价值。

笃学之志，如激流一般有力而直行，有了向善的意识，我们了解了文化道义和精神所在，从而更好地发出“为天地立心，为生民立命，为往圣继绝学，为万世开太平”之志向，更能思考书本之后的对与错，好与坏。

强身之气，如汪洋恣肆一般壮阔，它由向善和笃学汇成，是二者的理想结果，有了健全的道德品质基础，心怀济世，爱仁的气度，并努力学习，笃志不渝，方能致远，方能使中学生拥有正确的三观和凌云之志，走向社会，强己，亦强社会。

校训如水，温润到每个学生心中，水之积也不厚，则其负大舟也无力。只有适合当代的校训，才可激发出最绚丽的青年光彩，同样的，一代代铁肩担道义的青年，正以其如水般“如筋骨之道通流者”的意志谱写着时代——今天我们选择校训，是依向时代的航标，明天我们更要向善笃学强身成为时代的引路人。校训所在，实为期许、为目标，更为时代发展的源泉和动力，士不可不弘毅，任重而道远，在新时代新改革之际，我们应重拾坚毅之气和人性之光，才能站在新的高度评判“扶不扶”“对不对”等问题。

综上所述，我选择第二则校训。静水激流汪洋，是少年发展为青年的必需，从汪洋再回归静水之润通，更是青年指引时代的路途。我们与时代共同生长，善万物而不争，故能就其深，厚积而薄发，令时代光华与青年光辉映映不息。

分析：本文的作者以“水”为喻，生动体现了校训对人的化育作用。又分别以“静水”“激流”、“汪洋”三种不同形态的“水”为喻，形象地阐释了对“向善”“笃学”“强身”这组校训内涵的理解。更重要的是，作者还借助这些比喻生动地揭示出三者的内在联系。

4. 使用比喻论证

学习比喻论证的好途径，莫过于回顾我们的教材。

例1：

荀子《劝学》的课文节选部分，运用了二十个比喻来论证，将原本阐述起来很复杂的问题简洁清晰明了地表述出来。如：

青，取之于蓝，而青于蓝；冰，水为之，而寒于水。木直中绳，輮以为轮，其曲中规。虽有槁暴，不复挺者，輮使之然也。故木受绳则直，金就砺则利，君子博学而日参省乎己，则知明而行无过矣。（荀子《劝学》）

分析：此段论述的是“学习的重大意义在于可以提高自己、改变自己”。“蓼蓝”“水”这类客观事物在变化过程中可以发展提高成为“青”和“冰”，以此来比喻人通过学习可以提高自己。“直木”“金”等客观事物通过人工改造可以改变原有的形态，“直木”可以成为“轮”，“金”可以变得“锋利”，以此来比喻人如果能“博学”且常常“反省”自己，就可以达到“智明”且“行无过”的境界。

例2：

再来看鲁迅先生《拿来主义》给我们的经典示范。

譬如罢，我们之中的一个穷青年，因为祖上的阴功（姑且让我这么说说罢），得了一所大宅子，且不问他是骗来的，抢来的，或合法继承的，或是做了女婿换来的。那么，怎么办呢？我想，首先是不管三七二十一，“拿来”！但是，如果反对这宅子的旧主人，怕给他的东西污染了，徘徊不敢走进门，是孱头；勃然大怒，放一把火烧光，算是保存自己的清白，则是昏蛋。不过因为原是羡慕这宅子的旧主人的，而这回接受一切，欣欣然地蹩进卧室，大吸剩下的鸦片，那当然更是废物。“拿来主义”者是全不这样的。

他占有，挑选。看见鱼翅，并不就抛在路上以显其“平民化”，只要有养料，也和朋友们像萝卜白菜一样的吃掉，只不用它来宴大宾；看见鸦片，也不当众摔在茅厕里，以见其彻底革命，只送到药房里去，以供治病之用，却不弄“出售存膏，售完即止”的玄虚。只有烟枪和烟灯，虽然形式和印度，波斯，阿拉伯的烟具都不同，确可以算是一种国粹，倘使背着周游世界，一定会有人看，但我想，除了送一点进博物馆之外，其余的是大可以毁掉的了。还有一群姨太太，也大可以请她们各自走散为是，要不然，“拿来主义”怕未免有些危机。

——鲁迅《拿来主义》

分析：此段中总比喻和小比喻结合，喻中套喻。鲁迅先生在提出“所以我们要运用脑髓，放出眼光，自己来拿！”这一观点后，先用“大宅子”建立比喻系统，比喻整个文化遗产；然后用三种对待大宅子的态度来解释对待文化遗产的三种态度，再用“鱼翅”“鸦片”“烟枪烟灯”“姨太太”来比喻不同类型的文化遗产，以此说明“拿来主义者”对待遗产的态度，这都是对上文建立的总比喻进行“细化分析”。鲁迅先生的比喻论证喻喻勾连、层层深入，把批判文化遗产的抽象道理，说得十分生动形象。

【拓展演练】

阅读下面作文题，请运用比喻写一个或者一组观点句。

花解语，鸟自鸣。生活中处处有语言，不同的语言打开不同的世界，比如雕塑，基因等都是语言，还有有声的、无声的语言。语言丰富生活，演绎生命，传承文化。

请以此为话题写一篇不少于800字的文章，题目自拟，体裁不限，诗歌除外。

____

____

____

____

二、善用排比，气盛言宜

【问题描述】

同学们，我们都知道在作文中用好排比，可以精练而有气势地阐明观点、勾勒形象、抒发情感。但同学们在议论文写作中时常缺乏使用排比的自觉，使用排比的位置和技巧也不够灵活。

【解决良方】

我们写作文时使用排比手法，大多写出的是“句子排比”。事实上，从构成区分而言，排比可以分为词语排比、短语排比、单句排比、复句排比、段落排比等多个类型。我们若对此熟知，便能更灵活地运用排比修辞。分别举例如下。

历史从不等待一切犹豫者、观望者、懈怠者、软弱者。

——《人民日报》社论《新的起点新的长征》

如地震前兆，如海啸将临，如山崩即至，浑身起一种莫名的紧张，又紧张得急于趋附。

——余秋雨《都江堰》

出来，就是要自由地享用这个宽阔的空间；出来，就是要让每个生灵从精神到筋骨都能舒展；出来，就是要让每个个体都蒸发出自己的世界。

——余秋雨《白莲洞》

这是前无古人的壮举，近代以来久经磨难的中华民族实现了从站起来、富起来到强起来的历史性飞跃。这是改变历史的航程，社会主义在中国焕发出强大生机活力，并不断开辟发展新境界。这是功在千秋的贡献，中国特色社会主义拓展了发展中国家走向现代化的途径，为解决人类问题贡献了中国智慧、提供了中国方案。

——《人民日报》社论《祝福祖国更加繁荣富强》

走好新长征路，需要在不忘初心中激发信仰伟力。……我们将以更辉煌的业绩告慰先烈、泽被后人。

走好新长征路，需要在继续赶考中保持奋斗动力。……我们将在实现“两个一百年”的奋斗征程中交出优异答卷。

走好新长征路，需要在振奋精神中焕发中国力量。……我们将在新的征程上续写新时代的壮丽史诗。

——《人民日报》社论《新的起点新的长征》

那么，在我们的议论文写作中，哪些具体的位置适合用排比句来增色呢？议论文中的材料部分（包括事实论据、引入话题的材料等）和论证部分都可以使用，并且能产生不尽相同的修饰效果：可概括简化材料，可丰富而简练地列举材料，可干净迅速地阐明意义，可气盛言宜地说理。

【案例分析】

（一）以排比表述材料

1. 以排比概括简化材料

我们在作文中常常需要概括材料，面对我们想要运用到文中的题干材料、史料、事例等，不能直接抄写，必须用自己的语言进行转化。此刻用上排比，并不单单为反复和强调，更是为了使语言简洁平易。比如：

在柳州的柳宗元，宛若一个鲁滨逊。他有一个小小的贬谪官职，利用着，挖了井，办了学，种了树，修了寺庙，放了奴婢。毕竟劳累，在47岁上死去。

——余秋雨《柳侯祠》

分析：五个“了”的连续使用，相当简洁地把史料中记载的柳宗元为柳州百姓所做的事一一罗列出来，语言亲切自然。

2. 以排比列举多则材料

用排比来举例论证，一能显得简练，二能显得丰富。例如：

十年饮冰，难凉热血；百年回首，自请长缨。

于是两弹一星功勋程开甲，放弃优厚的国外待遇，学成归国，献身于我国的核武器研究；于是26岁便登上开山岛一守就是32年的王继才，在风浪拍岸中坚守着他的赤子情怀；于是那个从繁华的城市走进大山深处的徐本禹，用刚刚毕业的稚嫩肩膀，扛住了倾颓的教室，扛住了贫穷和孤独，扛起了责任和担当；于是在殿堂和田垄之间选择了泥泞的秦玥飞，背负着自己的青春，离开耶鲁，在荆棘和贫瘠中俯首躬耕拓荒守梦……

——优秀作文《忆五四峥嵘岁月，请长缨不负青春》

（二）以排比分析说理

1. 以排比阐明意义

当我们需要逐层阐释出某个事物的意义之时，排比是个好选择，可让句子干干净净、整整齐齐。例如：

他们懂得，只有书籍，才能让这么悠远的历史联成缆索，才能让这么庞大的人种产生凝聚，才能让这么广阔的土地长存文明的火种。

——余秋雨《风雨天一阁》

2. 以排比说理

在以排比来说理的时候，综合使用其他表现手法，说服效果更佳。例如：

（1）排比与对比结合

且夫天下非小弱也，雍州之地，崤函之固，自若也。陈涉之位，非尊于齐、楚、燕、赵、韩、魏、宋、卫、中山之君也；锄櫌棘矜，非铦于钩戟长铩也；谪戍之众，非抗于九国之师也；深谋远虑，行军用兵之道，非及向时之士也。然而成败异变，功业相反，何也？试使山东之国与陈涉度长絜大，比权量力，则不可同年而语矣。

——贾谊《过秦论》

（2）排比与类比结合

不能设想，古罗马的角斗场需要重建，庞贝古城需要重建，柬埔寨的吴哥窟需要重建，玛雅文化遗址需要重建。这就像不能设想，远年的古铜器需要抛光，出土的断戟需要镀镍，宋版的图书需要上塑，马王堆的汉代老太需要植皮丰胸，重施浓妆。

——余秋雨《废墟》

（3）排比与比喻论证结合

即使自己是一枝娇艳美丽的牡丹，也应明白，一枝独放不是春天，春天应是万紫千红的世界。即使自己是一颗傲然挺立的孤松，也应明白，一株独秀不算英雄，成行成排的树木才是遮风挡沙的坚固长城。即使自己是一艘整装待发的帆船，也应明白，一船独行不算风景，千帆竞发才能显示大海的壮阔。

——优秀作文《暗夜的绝响》

（4）排比与设问结合

对比自己弱的人，能无欺乎？对有残疾的人，能无嘲乎？对身份低下的工作者，能有敬乎？对自然中的动植物，能有善乎？对需要帮助的人，能有爱乎？细察我们的内心，是否被轻慢、鄙视、厌恶硬化着，冰冻着？这样积极调节自我画像的底色，让我们的心灵四季如春，保持恰好的温度，才能见到心土上长出的蓬勃生命景象！

——2020全国三卷优秀作文《寻十方明镜绘真我画像》

【拓展演练】

阅读下面作文题，写一段排比句。以概括简化材料，或列举材料或阐明意义或说理。

“韧性”是指物体柔软坚实、不易折断的性质。中华文明历经风雨，绵延至今，体现出“韧”的精神。回顾漫长的中国历史，每逢关键时刻，这种文明的韧性体现得尤其明显。中华民族的伟大复兴，更需要激发出这种文明的韧性。

请以“文明的韧性”为题，写一篇议论文。可以从中国的历史变迁、思想文化、语言文字、文学艺术、社会生活及中国人的品格等角度，谈谈你的思考。（2019年高考北京卷）

要求：观点明确，论据充分，论证合理。

____

____

____

____

三、熟用句式，说理不拗

【问题描述】

辩证的语言就是比较全面、不偏执、不偏颇的语言。我们在写议论文的时候，由于思想的不成熟，考虑问题往往执于一端，表现在语言上就显得不辩证、不全面，因此说理不够透彻。作文中的这些表现都将成为阅卷老师扣分的依据。

【解决良方】

议论文强调思维的辩证、判断的准确、层次的清晰、推理的严密。优秀的议论文在深入议论时，往往会形成一些语言表达范式。我们在议论文写作中，如果能够注意这些表达范式，再辅以句式的变化与灵活搭配，就能更透彻地说理，更完整清晰地表达思想，使议论达到更佳的效果。

1. 对于（就）……（来说、而言）

深入论述一个问题，往往要考虑到问题涉及的诸多方面，我们借助这类句式，可以进行多方面论述，增强论述的全面性和严密性。

2. 有人说（也许有人觉得），假如说（如果），试想

一般而言，在提出一个正面的观点或论题之后，为了确保论点的严谨性，我们可以“换个角度”或者“从反面”再想想，借助这类句式列出不同观点或者反面观点，进而通过分析或驳斥，使自己的正面观点更有说服力。

3. 诚然、然而、但是

摆出某些观点或者论据后，既承认肯定其正确的一面，又辩证分析其不合理不恰当的一面，对比衬托之中进一步明确自己的观点。

4. 不（应该）是……而是……；不仅是……更是……；不一定是……而应该是……

运用这类句式可将需要阐发的话题概念与一些易混淆的概念放在一起进行辨析，揭示几者的不同之处，可帮助作者对话题概念的认识更深入，使阐释更清晰。

这里我们所列举的几种句式是最常见的，其他还有许多句式在写作议论文时也会起到举足轻重的作用，我们可以在平时的阅读中积累、学习。总之，要改造平淡无力的议论语言，就从分析改造每一个议论句开始，在议论语言方面加强锤炼方能析理深透。

【案例分析】

1. 对于（就）……（来说、而言）

就个人而言，一个人的阅读史造就他的精神发展史；就民族而言，一个民族的阅读水平决定这个民族的精神境界；就国家而言，一个国家的阅读能力影响这个国家的前途和命运。

分析：此语段借助“就……而言”这个句式，清晰而有层次地揭示了“阅读”的重要意义。

2. 有人说（也许有人觉得），假如说（如果），试想……

有人认为随着科技进步的快速发展，劳动会逐渐淡出我们的生活，不，你错了！我们暂且不提机器不能理解人性不能感情交流的局限性，先厘清概念，劳动不仅仅指狭隘的体力劳动。人工智能的便捷背后便是无数科学家辛勤劳动的汗水，而人工智能发展的终极目的也绝不是消灭吃苦耐劳的劳动精神。

——优秀作文《热爱劳动，从我做起》

分析：此语段借助“有人认为……”这个句式，提出了反面观点“科技会逐步取代劳动”，并通过驳斥它进一步表明自己的对“劳动”的理解和态度。

3. 诚然，但是，然而

诚然，这是一个伟大的时代，科技给予了我们越来越多的便利。但是，科技也不可能完全解决我们人类的全部需要，相反，人类需要更高级的劳动和更高的智慧来管控科技。否则，被奴役的只会是我们自己。

——优秀作文《人生在勤，不索何获》

分析：此语段借助“诚然……但是……”这个句式，既肯定了科技会带来便利，又辩证地指出“科技不可能解决我们人类的全部需要”。

4. 不（应该）是……而是……；不仅是……更是……；不一定是……而应该是……

爱国，不应该只是形式上的一本护照，一个身份，或者一个国籍。而是实实在在的行动，是藏在心底，却又在祖国需要的时候砰然而出的那份冲动。

爱国，不应该只是口号，也不应该只是表态，而应该是为这个国家去做好自己应该做的事情。不去盲目地批判，也不灰心地指责，而是饱含激情地奋斗。

爱国，不一定是政治意义上的参政议政，也不一定是针砭时弊作文反讽，而应该是个人在变得越来越优秀的过程中，始终不忘自己对国家与社会的那份担当。

——《爱国不是打嘴炮，而是把自己该做的事情做好！》

分析：此语段借助“不应该是……而是……”等句式，对“爱国的表现”进行了理性地辨析，使读者对此的认识更清晰。三组论述语段句式亦有变化，从“不应该只是”到“不一定是”，体现了语言表达的准确性和严密性。

【拓展演练】

阅读下面作文题，写一个论证语段，要求至少用到一种上述句式。

“二战”期间，为了加强对战机的防护，英美军方调查了作战后幸存飞机上的弹痕分布，决定哪里弹痕多就加强哪里。然而统计学家沃德力排众议，指出更应该注意弹痕少的部位，因为这些部位受到重创的战机，很难有机会返航，而这部分数据被忽略了。事实证明，沃德是正确的。

要求：综合材料内容及含意，选好角度，确定立意，明确文体，自拟标题；不要套作，不得抄袭；不少于800字。（2018年高考全国Ⅱ卷）

____

____

____

____

【参考示例】

（一）巧用比喻，寓理于形

语言是烛照前路。

语言是星映池塘。

语言是月满千江。

（阐释：“秉烛”，人类智慧的启蒙，对规律的探求；“摘星”，文艺创作，性灵的阐发；“望月”，日月同天的民族认同。三者分别对应题干中的“生活”“生命”“文化”。）

（二）善用排比，气盛言宜

过刚易折，宝剑犹经火淬，欲成文明之韧，亦需兼收博采之柔。

唐有“夷夏如一”之博爱，而为千年传诵之盛世；宋有贸易各方之通达，乃成富庶繁荣之善邦；清持天朝上国之自满，终有枪炮骤致之变乱；今乘改革开放之长风，乃得民族近世之复兴。

（三）熟用句式，说理不拗

诚然，返航战机上的弹痕触目惊心，但是，坠毁的战机却永远无法将道理言明。目光所及处，往往只是冰山一角；眼见与事实，或许恰为一体的两面。

第三章

如何让自己的文章出类拔萃

问题一：如何写“出格”的作文

一、入格出格，活用套路

【问题描述】

同学们在老师的帮助下写作“入格”，一定学到了很多“套路”。初学时欣喜于“终于知道怎么写考场作文了”，慢慢地，会遇到以下问题：

（1）能得到中等分数，却不能得到更高的分数；

（2）行文生硬呆板千篇一律，没有个性，缺少感染力。

【解决良方】

这个时候，你就需要大胆且合理地打破一般模式，勇敢“出格”，写出真切灵动的好文章来。同学们掌握的最常见的“套路”是行文结构上的“套路”。

引论（开头）：引述题目材料，提出中心论点，50～100字。

本论（主体）：一般由三个分论点构成，每段200～300字。

分论点1+事例+分析

分论点2+事例+分析

分论点3+事例+分析

结论（结尾）：总结全文，100字左右。

其中本论部分的三个分论点之间，同学们往往采用或并列或递进或对照的逻辑进行排列，其实根据文章的具体情况，我们完全可以灵活搭配这三种排列逻辑，让我们的行文结构显得更加灵动自然。

1. 并列对照式

分论点一、二构成并列关系，分论点三和前面的论点构成正反对照关系。这种结构的优势是既有并列式论证的涵盖面，又有对比论证的锋芒感，让文章同时具有“角度”和“力度”。

2. 破立递进式

分论点一批驳反面的观点，分论点二提出正面的观点，分论点三在分论点二的基础上递进讨论。这种结构的优势是有破有立，针对性强，让文章形成一种酣畅淋漓的论证气势。

分论点之间还有很多其他组合逻辑，同学们可以发挥聪明才智总结梳理。

【案例分析】

我们用修改提升的方式来感受“出格”对“入格”“套路”的提升效果。

1. 并列对照式

2006年湖南高考，题目是“谈意气”，某位同学形成的分论点是并列式。

舍我其谁的意气，使人奋起。

献身理想的意气，使人勇敢。

勇于探索的意气，使人创新。

论点立场明确，角度清晰，句式整齐优美，很不错的一套结构。如果我们采用并列对照式，分论点一、二构成并列关系，分论点三在此基础上形成正反对照关系，看看有什么改良效果。

献身理想的意气，促人勇敢。

勇于探索的意气，催人创新。

懈怠低迷的意气，使人沉沦。

再如，以“拒绝诱惑”为主题可以拟制这样的分论点结构。

拒绝声色犬马的诱惑，做一个讷言敏行、心魂坚定的人，捍卫阳光青春的立场。

拒绝精神鸦片的诱惑，做一个内心晶莹、清明坚定的人，体悟生命澄澈的力量。

沉溺甜腻绵软的诱惑，沦为精神空思、思想匮乏的傀儡，终成无边欲望的奴隶。

并列有利于展开多个角度，正反对照有利于把论题推向批判性的深度讨论，这样文章就显得立体多了。

2. 破立递进式

作文主题是“简约生活风值得大力提倡”，有同学写了一套递进结构。

简约生活风值得大力提倡，体现的是个人的习气。

简约生活风值得大力提倡，美化的是社会的风气。

简约生活风值得大力提倡，彰显的是民族的底气。

递进结构有逐步深入的推进感，体现作者思维的深度，如果运用“破立递进式”结构，声调铿锵地批判，旗帜鲜明地捍卫，文章推进会显得更有力量。

请客宴饮风一度大行其道，销蚀的是人际的真诚，耗损的是社会的资源。

简约生活风值得大力提倡，体现的是个人的习气，美化的是社会的风气。

简约生活风值得大力提倡，彰显的是民族的底气，弘扬的是国家的正气。

再如，以“爱国”为话题可以拟制这样的分论点结构。

躲进精致的个人小世界，爱国不过是假口号，这是当代青年最该摈弃的劣行。

敬惜字纸，珍视知识，这是青年学生最恰切的爱国。

砥砺奋进，为民族之复兴而读书，这是青年学生最高尚的爱国。

先竖起的靶子对读者有很强的煽动性，然后在批判的基础上递进讨论，就像“牵着牛鼻子”一样牵引着读者的思维，使文章更有说服力。

【拓展演练】

请运用“并列对照式”结构，为下面的作文题拟写提纲。

（1）阅读下面的文字，按要求作文。

杜维明教授说过这样一句话：“有些事情你不做，有的是人做。有些事情你不做，没有人做，做了也不见得有效果，不见得被人称道。但是你做和不做，就是不一样。”

要求：①自选角度，自拟标题；②文体不限（诗歌除外），文体特征鲜明；③不少于800字；④不得抄袭，不得套作。

中心论点：______________________________

分论点一：______________________________

分论点二：______________________________

分论点三：______________________________

（2）请运用“破立递进式”结构，为下面的作文题拟写提纲。

在某大学毕业典礼上，一位毕业多年、事业有成的老校友对即将进入社会的大学生们说了下面一段话。

我唯一的害怕，是你们已经不相信了——

不相信规则能战胜潜规则，不相信学术不等于权术，不相信风骨远胜于媚骨。

你们或许不相信了，因为追求级别的越来越多，追求真理的越来越少；讲待遇的越来越多，讲理想的越来越少；大官越来越多，大师越来越少。

我想说的是，请看护好你曾经的激情和理想。在这个怀疑的时代，我们依然需要信仰。

要求：综合材料内容及含意，选好角度，确定立意，明确文体，自拟标题，不要套作，不得抄袭；不少于800字。

中心论点：________________

分论点一：________________

分论点二：________________

分论点三：________________

二、改善思维，走向深刻

【问题描述】

经过审题立意、谋篇布局、论证分析等议论文相关写作训练之后，我们发现同学们能写出“正常”“合理”“明确”“规范”的议论文了，但总觉得还差一点什么，老是得不到更理想的分数。想想看，你现在的作文是不是有以下的问题：

（1）写法规范但浅淡平实；

（2）立意合理但缺乏力量。

【解决良方】

如果有这样的困局，那么证明，我们该在“深度”上下功夫了。

深度本质上跟思维相关，所以想要走向深刻，必须改善思维品质。我们写惯了“套路”作文，思维品质也因此被困在那些正确但缺乏说服力和煽动性的“套路”里面，往往写的是一堆正确的废话。同学们可以尝试从以下几方面入手来改善思维品质。

1. 读者思维

同学们现在写作文是不是几乎不考虑读者是谁，能憋出一篇立意合理结构完整的作文就已经很满意了？心中无读者，立意就先天不足了。你心里想的只是我要尽快写完，而不是读者想看到什么样的观点和论证，所以你的文章缺乏说服人的力量，总在一个平凡老套的路上乐此不疲。

你要这样想：在某个大论题下，读者最想看到的观点是什么？你要把观

点放在读者的兴奋处、疑惑处、未知处、矛盾处，那么文章就有强劲的说服力了。把话说到读者的心坎上，这就是深度。

2. 论敌思维

论敌思维实际上是一种特殊的读者思维。你在立论或论证的时候，心里面要想着我的立场的对立面是什么，我的论敌会如何攻击我的立场，我又该如何还击。如果你愿意让你的文章在一种“辩论”的场域中推进，这篇文章一定写得淋漓尽致、锋芒毕露、震撼人心，这就是深度。

论敌思维下的议论文写作，在和假想论敌的碰撞交锋辩驳中推进论述，往往会使用这些句式。

有人说，也许有人会认为，反过来想想，正如某某而言，诚然，我并不否认

我承认……，但……

即使……，我还是……

姑且不论……，我们必须正视的是……

我必须要严正声明的是……

这一点，我绝不妥协……

3. 反思思维

同学们，我们的作文是不是一直在迎合，一直在歌颂，一直在空洞地宣扬“正能量”，一直在灌“老鸡汤”？当然，我的意思肯定不是让你们当愤青。考场作文必须保证自己有正确的价值观和立场。

我的意思是，你们应该关注现世人生、时代社会、家国民族、国际风云的视域，不能困守在粗浅大道理的空洞论说、简单价值观的反复渲染上。你要观照现世人生、时代社会、家国民族、国际风云，要根据你的正论题对相反的事件、现象、潮流、风向、思想作出反思，作出批判，体现当代青年的社会思维和价值担当，这就是深度。

4. 大词思维

如果我们老是在一些比较浅显的层面就事论事，比如谈手机的利弊，翻来覆去只能说滥用手机对眼睛不好，对学习不利，文章就会显得肤浅。怎么把我们的讨论引向深入呢？你要学会用“大词”进行思考，用“大词”牵引你的议论深度。滥用手机会不会怠慢“青春”？会不会耗损“生命”？会不会导致整个“社会”被手机绑架？你看，这样想一想，立意就深刻了。

我们推荐一些常见大词，供你使用，这些“大词”就是你的议论方向或立场价值。

名词类

赤子、青春、情怀、精神、社会、山河、自然
民族、国家、时代、世界、文化、文明、理性
人性、人生、人间、人格、人类、时间、维度
历史、悲剧、时光、高度、苦难、归宿、格局
命运、生命、生态、哲学、使命、血脉、基因

动词类

敬畏、皈依、征服、跨越、攀登、登临、观照
拷问、敬畏、向往、和解、佑护、领悟、顿悟
流逝、弘扬、斡旋、批判、坚守、诗化、捍卫

形容词类

崇高、高贵、善良、慈悲、永恒、神圣
神秘、壮观、肃穆、典雅、执着、苍茫

5. 逆向思维

逆向思维就是反弹琵琶，朝跟大部分人相反的思维方向行进，大家说“天道酬勤”，我偏说“天道仇勤”；大家说“眼见为实”，我偏说“眼见不一定为实”；大家说“强将手下无弱兵”，我偏说“强将手下多弱兵”。这种思维一反常态，最易在千篇一律的考场作文中杀出一条血路。但这是一条风险与机遇并存的道路，大部分人操作起来有失控偏题的危险和论证难以自圆其说的尴尬。稳妥起见，我们并不推荐。

【案例分析】

1. 读者思维

读者思维就是要把论点或论证放在读者的兴奋处、疑惑处、未知处、矛盾处，不要说一堆正确的废话。

看这样的废话型观点：

人人都要爱国。

是不是很难引起阅卷者的阅读兴奋？

关于爱国这个话题，读者非常认同应该爱国这样的价值观，但怎么真实地爱国，什么是新时代的爱国，这才是读者关心的问题：

敬惜字纸，珍视知识，这是当代青年学生最恰切的爱国行为。

砥砺奋进，为民族之复兴而读书，这是当代青年学生最高尚的爱国追求。

你看，站在读者的角度来立论，就产生价值，获得深度了。

再看：

考不上大学将来就没有好的生活。

这就是一般人喜欢建立的论点，人云亦云，读之平淡乏味。

站在读者的立场，有思想的读者会疑惑：文盲成土豪的现象比比皆是啊！于是，针对读者的这种疑惑，你可以建立这样的观点：

对大部分普通人来说，没有运气，没有背景，只能靠知识改变命运。

你看，这就是读者思维，把你的论点立在读者的心坎上，自然就获得与众不同的深度了。

2. 论敌思维

论敌思维下的议论文写作，就是在和假想论敌的碰撞交锋辩驳中推进论述，比如：

热爱劳动的美德，是中华传统美德。可是有人说，在科技昌明的当代，各种机器早就解放了人类的双手，我们无劳可动，劳动美德已经过时。此言大谬！只要人存于世，必有劳动。插秧播麦，挖山填海是传统体力劳动，吃苦耐劳是传统劳动美德；不断突破，不断创新是现代精神劳动，锐意进取是当代劳动美德。劳动美德被时代赋予了崭新的内涵。也许有人认为，现在还在鼓吹劳动美德，这是用传统道德绑缚前进步伐。殊不知，劳动美德的精义绝不仅仅是鼓励人们辛苦劳作，更是为社会营造“一分耕耘一分收获”的公平价值观。

你看，心中有个假想敌，与他展开辩驳，是不是可以让议论显得更有力量和深度？

高三学长向高一新生建言“如何为自己画好自画像”（2020全国卷Ⅲ作文题），立论“用勤奋之笔，绘自我奋进之像”，可是有声音说“勤奋并不能让你不断进步”，你说“勤奋不一定让我一直进步，但不勤奋，一定没有进步的机会”；还有声音说“勤奋往往是艰苦而低效的，这不符合当下效率社会的要求”，你说“厚积而薄发，是任何成功的必然前提，急于求成是短视行为，这才是你被社会淘汰的真正原因”。作为学长，为学弟廓清迷雾，消除疑惑，一步步真实地引导和建议，是不是更具说服力？

3. 反思思维

你现在是不是觉得写考场作文就是唱赞歌，很无趣很无聊？这是你对考场作文最大的误解。你一定要相信，命题者希望通过作文看到一个有眼光、有思考、有担当的当代有志青年形象。

观照现世人生、时代社会、家国民族、国际风云，根据你的正论题对相反的事件、现象、潮流、风向、思想作出反思，做出批判，这是阅卷者乐于看到的深度议论。

下面是一段很常见的考场议论文片段（2019全国卷Ⅲ作文片段），论之无聊，言之无味。

师恩如海，没有老师的辛苦付出，哪有如今坐在考场运笔如风成竹在胸的我们？老师们日复一日地教化出一批又一批青年才俊，自己却年华老去，形容憔悴。他们严厉，才有我们的提升；他们温暖，才有我们的幸福；他们循循善诱，才有我们的日日进步。我们应该记取老师的恩情，带着感恩的心情前行，回报社会，回报祖国，这才是对老师最好的回报。

如放入对冲击师道尊严，不尊重老师的社会现象的观察和反思，文段则更有深度和价值。

老师们日复一日，教化出一批又一批青年才俊，他们用青春和热血铸就国家民族的未来。可是，君不见部分蛮横家长无视老师的辛劳，提出诸多自私要求；君不见社会狂士蔑视教师，说教师不过就是上上课而已；君不见浅薄之人羡慕老师有寒暑假，却不知他们早出晚归的苦累。老师的价值一日得不到社会的正视，老师的尊严一日得不到社会的维护，我们的国家，就还有值得反思和改善的空间。

反思社会乱象，表达严肃思考，在破中立，在立中破，破立结合，就有了议论张力。同学们可以在文章一开篇就从反思社会乱象入题，文章会显得锋利；可以在论证的过程中反思，文章会显得周全；可以在结束部分痛陈时弊，文章会显得睿智。用好反思思维，你的文章就会有真切的思考和真诚的建设意义。

4. 大词思维

大词不是装饰，不是有意为之的故作深沉，不是无病呻吟，是引导你摆脱肤浅思维的利器。

学好语文，就可以提升成绩。

这就是你们最常见的立论状态，论点表述肤浅，格局太小。

用大词“青春”去思考一下：

学好语文，提升成绩，青春无悔。

是不是有变化了？是不是有深度了？

再如：

拒绝诱惑，做一个坚定的人。

很平凡的观点。用“大词”引导一下：

拒绝声色犬马的诱惑，做一个讷言敏行心魂坚定的人，这是最阳光的青春姿态。

拒绝精神鸦片的诱惑，做一个内心清明坚定的人，体悟生命澄澈的力量。

感受到了深度的变化了吗？

“大词”不仅仅可以用在论点表述上，在论证过程和总结升华中都有大用。

下面是2018年全国卷Ⅲ作文某位同学的一个片段。

绿水青山也是金山银山。山绿了水清了，人们的生活环境变好了，才有更健康的身体投入到建设中去。为了发展破坏山林，污染水源，也许短时间有更大的利益回报，但从长远来看，是得不偿失的。

这个语段，作者基本停留在一个较浅的层次就事论事，我们试着用“大词”思维修改一下。

绿水青山也是金山银山。养护山林，保护江河，不仅仅是为获得一个良好的生活环境，更是为打造一个健康的生态环境。我们的老祖先早就倡导“天人合一”，绿水青山的背后，包纳的是中国传统文化的大智慧。尊重自然，敬畏自然，才是对人类自身最好的尊重。金银是身外财富，绿水青山彰显的才是人与自然和谐发展的精神“金银”财富。

很明显，深度发生变化了。

【拓展演练】

（1）请综合运用以上思维，为下面这道作文题拟一份有深度的写作提纲。

交往中，人们往往因某方面的趋同相互吸引而走得比较近，同时疏远、排斥与自己存在较大差异的人。面对这样的交往，有人觉得趋同会给人带来快乐、和谐；也有人觉得这意味着多样性的缺乏，还可能会影响到认知。

对此，你有怎样的体验和思考？写一篇文章，谈谈自己的看法。

中心论点：________________

分论点一：________________

分论点二：________________

分论点三：________________

（2）请综合运用以上思维，为下面这道作文题写一个分论点片段，写出深度。

2019年新春开学，一位中学校长的演讲“别让手机偷走你的梦想”在朋友圈转发极为火爆。他引用外国脑神经学家的研究成果并认为，对智力建设没有帮助的行为包括：看电视、玩电玩、玩网游、网络依赖，“百度一下”创造不了苹果，也拿不到诺贝尔奖，并且表达“我更希望，你的梦想不因挫折而停止，不因时间而褪色，不因手机而破碎”。对此，有人说，手机让人沉迷，最终让人沦为“手机控”；有人说，手机只是工具，不可能偷走人的梦想；也有人说，在信息时代，不可能每个人都不需要手机；还有人说，手机不只是游戏机，技术研发人员完全可以将它变成学习机……手机能否偷走学生的梦想，关于其功过是非，还在争论。

请根据材料，从自己学习和生活的实际出发，思考上述现象，阐述你的看法和理由。

三、展示情怀，感动读者

【问题描述】

同学们写议论文，觉得把道理讲清楚就够了，这固然是合理的。但仅仅停留在宣讲生硬的道理，文章终究缺少了一点感染力、共情力。议论文的文体属性天然就是理性、严肃的，如果写不好，你的文章会产生以下问题。

（1）理性有余而感性不足，空洞。

（2）言之有理却读之无情，生硬。

【解决良方】

议论文天生就是板着面孔讲道理，少了一点感染力、共情力。如果我们可以注入温良的情怀，用情怀去润饰软化，文章会产生一种温暖善良的力量，更能彰显青年学子的胸襟和灵魂品质。这种品格往往会被阅卷者大为青睐。

这种温良的情怀往往表现为：

（1）对弱者的正视和尊重。

（2）对弱者的帮扶和拯救。

悲悯情怀是世上最温柔也最具震撼力的态度，在中华传统文化悠久的历史脉络中，处处都有贴近大众、悲悯大众、关怀大众的精神愿力。如果你在文中恰当表达你的悲悯情怀，尤其是在结尾部分，你完全可以用你的悲悯眼光来升华主题。悲悯情怀，能最大限度地激活你的生命格局，也能最大限度地激发阅卷者对写作者的由衷尊重。

【案例分析】

请大家欣赏上海市2008年高考满分作文，《他们》。

他　们

在城市的尽头，没有繁华的街市，闪亮的霓虹；在城市的尽头，只有破旧的棚户区，有饱经生活风霜的生命；在城市的尽头，有他们这样一群人。

让我怎样称呼他们？外来务工人员子女？农民子弟？亦或是农民工二代？不，我不想用这些冰冷的名字称呼他们，我多想叫着他们带着泥土气的乳名，拉着他们的小手，走近他们的生活……

他们从小生长在故乡的青山绿水中，纯洁的灵魂在田野里抽穗拔节。在山野的风中，他们奔跑着，憧憬着。风从田野中吹过，吹进了城市，为了生计，为了未来，他们跟从父母来到了城市，在城市的尽头扎下了根。

于是习惯了青山绿水的双眸第一次触碰到了高楼大厦、车水马龙。他们不知道怎样穿过六车道的马路，小小的手指怎么也数不清写字楼的层数。繁华的现代文明不曾给他们带来任何快乐，这一次，却在心上烙下了深深的痕迹。

他们背起书包，小心翼翼地融入城市的生活。可是却在“城市人”异样的眼光中，第一次明白了户口与暂住证的区别。他们都是父母心头的宝啊！却过早地承担了不属于这个年龄的负担。

放学回家，他们做好简单的晚饭，父母还在工地或菜场上劳作；午夜醒来，泪眼中城里的星空没有家乡的明亮；悄悄许愿，希望明天他们的打工子弟小学不会因交不出电费而被查封……

然而，在他们日益长高的身体上，我看到了他们的成长。记得一位记者

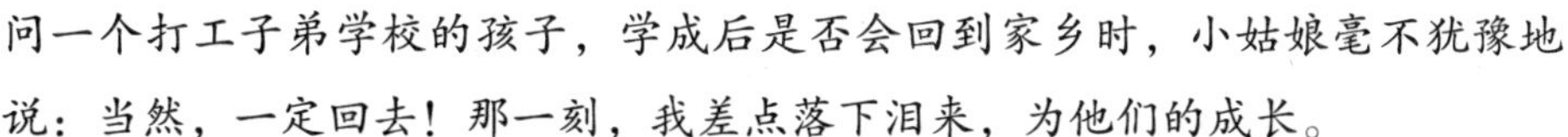

问一个打工子弟学校的孩子，学成后是否会回到家乡时，小姑娘毫不犹豫地说：当然，一定回去！那一刻，我差点落下泪来，为他们的成长。

记得那年春晚他们稚气的宣言："我们的学校很小，但我们的成绩不差""我们不和城里的孩子比爸爸。北京的2008，也是我们的2008！"他们逐渐成熟，告别昨天的羞怯，开始迎接新的一天。

虽然，他们还在为不多的学费而苦恼；虽然，学校还是交不上水电费；虽然，还有好多体制还不够完善……虽然有好多个"虽然"，但是，只有一个"但是"就足够了，已经有好多视线转向他们，他们正在茁壮地成长。

太阳从地平线上升起，照亮了城市的尽头，照亮了他们的生活。

他们，终将会成为我们。

这不是一篇议论文。此文无处不在的悲悯情怀，让人不得不动容。一者为艰辛勤勉的农民工子女，一者为作者的良善悲悯。大城市少年有如此情怀，表达对那群"苦孩子"的尊重和顾念，殊为难得。此文的真情已经超越任何的解说和阐发。

悲悯情怀是人类最高尚的一种情怀，它宽广有容、平和慈悲，并非局限于一时一地一己之身，而是与全人类同呼吸共命运。这种情怀超越了贫富与阶级、国家与民族的界限，使人们关注那些在苦难中的同类，关怀和同情弱者。它是真善美的结晶，使人们在爱里忘记仇杀，忘记自己的伤痛，是人类的疗伤良药。议论文中就该适时适量地表达悲悯情怀。

精益求精力求完美是当代社会对职业精神的最高追求，是多少青年才俊日夜奋战孜孜以求的工作境界。可是，当我们不断称颂以身体健康为代价，以家人亲情为代价，以不断地侵占个人生活空间为代价的精益求精之时，是否发现这样的精益求精已经变味？看看那群忠厚的年轻人发黑的眼圈，看看年迈的父母和幼稚的孩子渴盼的眼神吧。生命没有张弛，终将成为时代发展的菲薄祭品。

是不是很深入人心？

【拓展演练】

（1）用"悲悯情怀"为下面的作文写一段结尾。

阅读下面的材料，根据要求写作。

每个人都有自己的人生坐标，也有对未来的美好期望。家庭可能对我们有不同的预期，社会也可能会赋予我们别样的角色。在不断变化的现实生活中，个人与家庭、社会之间的落差或错位难免会产生。

对此，你有怎样的体验与思考？写一篇文章，谈谈自己的看法。

要求：①角度自选，立意自定，题目自拟。②明确文体，不得写成诗歌。③不得少于800字。④不得抄袭、套作。

（2）阅读下面的材料，根据要求写作。（60分）

网络上一张照片受到广泛关注，其内容是：下雨天，在一个地下通道入口处，一位母亲用左手为孩子挡雨，而她的右手举着把伞，为一个佝偻着腰的老大爷挡雨。老大爷是一位流浪汉，而这位妈妈一直慢慢地跟随在他身边。

请针对这件事，选择合适角度，发表自己的看法。

要求：明确文本，自拟标题；不要套作，不得抄袭；不少于800字。

【参考示例】

（一）入格出格，活用套路

1. 中心论点：我做，故我在

分论点一：为责任而做，故我灵魂安在。

分论点二：为梦想而做，故我心志常在。

分论点三：无为则无味，不做不为，人生价值焉附？

（二）中心论点：用信仰照亮坚行的前路

分论点一：丢掉信仰，在名利追逐中迷失方向，痛！

分论点二：建立信仰，在人生旅程中安顿良心，赞！

分论点三：捍卫信仰，在人生进击中守护理想，搏！

（三）改善思维，走向深刻

1. 中心论点：趋同乃人之本性，志同则相融

分论点一：志同相吸，趋同识同道之友。

分论点二：志同相助，趋同促相互发展。

分论点三：志同相合，趋同创灵魂契合。

2. 掌上手机，掌控不了你的梦想

约里奥·居里说过，我们不得不接触生活中最甜蜜的事情，不过我们必须不屈服于这些事物。手机无疑是“甜蜜”的生活伴侣。看看各种场所抱着手机沉沦其中的众生，人们惊呼，手机几乎解构了大部分人的日常生活。手机一下成了我们破碎人生的替罪羊。我不禁要问，真的是手机偷走了你的生活，而不是你失纵的懈怠之心吗？小小掌上手机，哪里能掌控你的梦想！不过是你的梦想力量孱弱到经不起手机的诱惑罢了，罪恶的源头是你自己。看看那些在手机上办公的业界精英，手机是成就人生梦想的工具还是破灭梦想的元凶？如果你的梦想够强大，别说手机，就是飞机也撞不毁你的求索。

（三）展示情怀，感动读者

是的，你的人生也许会暂时屈就。但你的改变换得了更多人的温暖和幸福，这样的屈就更是造就。人为自己活着，这是个性；人为大家活着，这是神性。

问题二：如何在作文中关联社会热点

一、了解趋势，强化意识

【问题描述】

没能在作文中关联社会热点的原因很多。主要是不了解现在作文命题趋势上的显著变化，仍然用应对之前作文类型的老旧素材、或者空口说理那一套来完成写作，全然没有意识到在新形势下作文里关联社会热点已是大势所趋、不可回避。

简言之，没能关联的第一原因，是没意识到必须关联。

【解决良方】

“社会热点关联的无意识”问题，解决起来并不困难，当然是对症下药，去“了解趋势，强化意识”。

近几年的高考作文命题趋势是怎样的呢？一言以蔽之，就是“紧扣时代脉搏，贴近学生生活”。关注社会，重视个性，已然成为当下作文考查的重点。比如：2020年全国二卷的作文，是“世界青年与社会发展论坛”要求你作为中国青年代表参会，发表以“携手同一世界，青年共创未来”为主题的中文演讲；2020年全国三卷的作文，是高三毕业前，学校请你给即将入学的高一新生写一封信，主题是“如何为自己画好像”。

再看看同学们以前习惯运用的老旧素材又是怎样的呢？所谓“老旧素材”，是和新鲜的社会热点素材相对的，和当下时间有一定距离的陈旧而缺乏时代气息的素材。学生最常用的老旧素材，就是教材素材。本来，变教材为素材，是相当重要的素材积累方向，只要我们吃得透、用得活，照样能让教材素材为我们的作文增光添彩。但现实的情况却是，同学们往往在使用教材素材时有简单化、肤浅化倾向，甚至只图省力省事——致使“素材不够/新，教材来凑”成了不少不关心现实、阅读面窄的学生写作的偷懒秘籍。同时，作文里只想着把教材里的知名古人“利用”殆尽，一篇文章里古人满天飞：屈原、司马迁、杜甫、苏轼等轮番出场，这些同类素材的堆积也让人感受不到当下时代的律动。

一边是“紧扣时代脉搏，贴近学生生活”的作文命题趋势，一边全是来自教材的历史文化名人——格格不入，自不待言。所以，我们迫切需要转变观念，在新的作文趋势之下，意识到当下鲜活素材积累与使用的重要性与紧迫性，要大胆去除对教材素材的依赖，养成看新闻和评论的习惯，关注时代动向和社会热点，然后慢慢积累这样的鲜活的素材并努力运用到自己的作文中去，适当替代原有教材素材。一“去”（教材素材）一“用”（热点素材）的意识强化之后，我们的作文将立马“青春洋溢”。

【案例分析】

我们试着用对比的方式来看看作文题目和素材使用上的变化。

例1：

作文题目：

人生需要不断往前走，同时也需要经常回头。“回头”能够使你对过去的脚步及时加以回视和省视，知道哪儿深了，哪儿浅了，哪儿走歪了，哪儿跌过跤，哪几步走对了，哪几步走错了，接下来的路应该怎么走，等等。人的高明往往不在于天赋，而在于懂得回头；人的成功往往不在于技巧，而在于及时回头。

请以“人生需要多回头”为题，写一篇议论文，不少于800字。

范文节选：

人生需要多回头

……

回头反思，可以重拾人生。东晋乱世，家道中落。少年陶渊明亦怀有致君尧舜上、兼济苍生的凌云壮志。但官场失意，人生落魄，使中年的他回头反思。他终于明白了那龙楼凤阙之中的腐朽黑暗，他终于看清了世人的趋炎附势、阿谀谄媚——“归去来兮，田园将芜胡不归？”于是，他不再为五斗米折腰，决绝归隐，从此收获人生之逸静，开山水田园之文脉。正是因为彭泽令任上的一次回头，陶渊明重新定义了自己的人生，从此，世界少了一位官员，多了一位诗人。

回头反问，可以坚定初心。南宋动荡，国家破碎，君上既降，臣犹不耻。试想文天祥过零丁洋那夜有何感思？面对蒙古铁骑，他一个文弱书生力挽狂澜，拼死抵抗。回首前事，他依稀记得及第时的鸿鹄之志，也记得朝堂之上的据理力争，还记得面对三军的战前动员……这一幕幕情景，一次次努力，于眼前烟消云散，付诸东流。元朝皇帝许他以高官厚禄，胁迫以杀身灭族，他终未曾应允屈服。只频频反问自己：这一切值得吗？值得吗？肯定值得！那一夜的次次反问，令他坚定初心，视死如归，发出“臣心一片磁针石，不指南方不肯休”的磅礴呐喊，坚定着无数爱国人士的心。

回头反省，可以完善自我。乌台诗案，流放蛮州，苏轼亦数次萌生赴死之心。经历黄州的惨淡生活，他回头反省，看到了当年自己兄弟二人“似二陆初来俱少年”的意气风发，看到了自己评新政之弊而遭新党嫉恨，陈新政可取又受旧党排挤——但是，恰好在人生的起起伏伏当中，他从“世事一场大梦，人生几度秋凉”的消极走向了“问汝平生功业，黄州惠州儋州”的洒脱与坦然。或许，也是人生的不幸，淬炼得苏轼近似全才，也近乎完人。

分析：这是一个话题作文，考查学生对“人生需要多回头”这一结论的思辨与感悟。对论证素材的时间没有限制和要求，可古可新，可远可近。本文三例，堪称经典。然三例皆为古人，时代感有所欠缺。如果素材能在时间、空间上和我们的现实生活距离更近，或许文章会更有亲和力与感染力。

例2：

作文题目：

（2020年高考全国卷二）阅读下面的材料，根据要求写作。

墨子说：“视人之国，若视其国；视人之家，若视其家；视人之身，若视其身。”英国诗人约翰·多恩说：“没有人是自成一体、与世隔绝的孤岛，每一个人都是广袤大陆的一部分。”

“青山一道同云雨，明月何曾是两乡。”“同气连枝，共盼春来。”……2020年的春天，这些寄言印在国际社会援助中国的物资上，表达了世界人民对中国的支持。

“山和山不相遇，人和人要相逢。”“消失吧，黑夜！黎明时我们将获胜！”……这些话语印在中国援助其他国家的物资上，寄托着中国人民对世界的祝福。

“世界青年与社会发展论坛”邀请你作为中国青年代表参会，发表以“携手同一世界，青年共创未来”为主题的中文演讲。请完成一篇演讲稿。

要求：结合材料内容及含意完成写作任务；选好角度，确定立意，明确文体，自拟标题；不要套作，不得抄袭；不得泄露个人信息；不少于800字。

范文节选：

燃千灯同昼，聚星火曜原

……“投我以木桃，报之以琼瑶。”我国也倾力相助，以友善待人，以真诚视人，以责任明己。一句“黎明时我们将获胜”，借《图兰朵》之名，盼意大利早日冲破暗夜；大唐玄奘西行，其“尼莲正东流，西树几千秋”之诗，今日又给予印度一份新旧并存的暖意。“无穷的远方，无数的人们，都和我有关”，我们也燃好自己的明灯，赠予世界一以贯之的真挚。

……“浮舟沧海，立马昆仑”，青年理应从历史中汲取前行的力量，不断滋养自身，扬鞭策马，飞奔前行。我国古有“天下兴亡，匹夫有责”的一腔热血，今有港珠澳大桥飞渡天堑、蛟龙号深探海底、嫦娥四号成功登月的奇迹，其中蕴含着铭记过往精魄、自塑当今品质的新青年精神。沐浴在先驱光辉下的同时，我们也应在风雨兼程中形成自己的燎原之势。

分析：2020年全国二卷作文，考生不仅需要分享对“人类命运共同体”的认识与理解，而且需要思考人类命运与共的宏大背景中当代青年的使命担当，将青年成长与人类文明进步建立紧密联系。这一类任务驱动性作文，再单用古人素材，明显有些“方枘圆凿”。所节选的两段范文，一个选取了今年疫情中我国给意大利和印度捐赠物品上的赠言，一个罗列了近几年我们的大国工程项目，这些社会热点素材的相关链接，不仅恰切地传达了文章主题，更有扑面而来的时代气息，是青年一代“活在当下、思在当下”的有力体现。

【拓展演练】

（1）请仿照例二所选范文，另选其他运用了社会热点素材的优秀作文片段，进行分享与交流。

____

____

____

____

（2）请为例一的作文题“人生需要多回头”，任选一个范文的分论点，换成社会热点素材写一段。

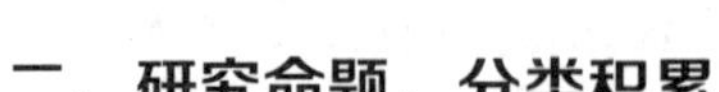

二、研究命题，分类积累

【问题描述】

没能在作文中关联社会热点，很重要的一个原因是：没有对应的可关联的热点素材储备。没有素材，当然不能关联。

【解决良方】

素材（无论什么类型的素材）储备不足，解决良方只有一个，去积累！从无到有！但由于社会热点素材的面太广、量太大——从全球角度看，可谓每分每秒都有大事发生——积累如果没有路径，素材储备就会陷入随意，事倍而功半。

所以，积累热点素材的有效路径首先是研究命题，分类积累。根据近几年高考作文命题情况，大致可以归纳出六大热点考查主题（表3–1）：理想信念、青年使命、社会民生、文明修养、科教创新、伦理法治。对应考查主题来分类进行素材积累，明显更有针对性。然后在每一类素材的具体积累当中，建议采用“三三三”模型：三个具体事例，三个一句话概括事例，三句名人名言。

附：

表3–1　高考作文命题常考主题

六大主题	试题举隅
理想信念	2020全国卷二（“青年共创未来”的主题演讲） 2019全国卷二（五四演讲、开国大典游行后写给家人的信、“百年中国功勋人物”国庆慰问信等）
青年使命	2020全国卷三（写给高一新生“如何为自己画好像”的信件） 2020全国卷二（“青年共创未来”的主题演讲） 2018全国卷一（一代人有一代人的际遇和机缘、使命和挑战，与新世纪的中国同行的你们，有怎样的联想和感受来装进“时光瓶”） 2017全国卷一（选择关键词，帮助外国青年读懂今日之中国）

续表

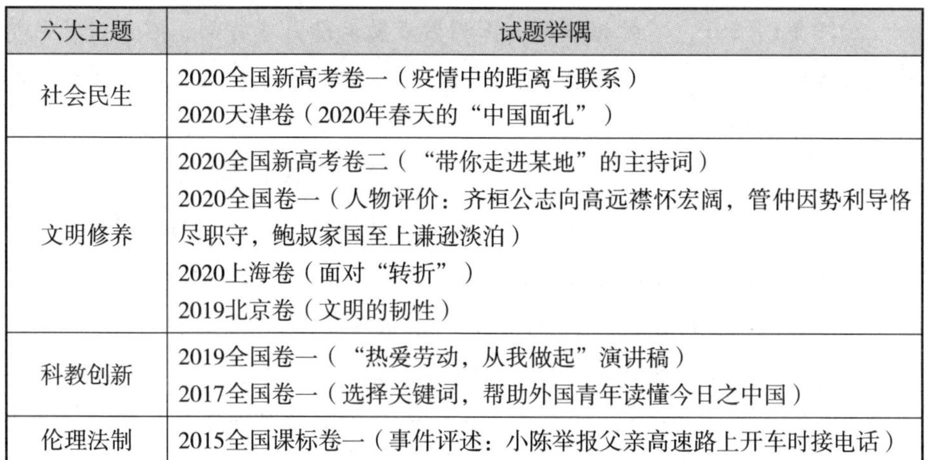

六大主题	试题举隅
社会民生	2020全国新高考卷一（疫情中的距离与联系） 2020天津卷（2020年春天的“中国面孔”）
文明修养	2020全国新高考卷二（“带你走进某地”的主持词） 2020全国卷一（人物评价：齐桓公志向高远襟怀宏阔，管仲因势利导恪尽职守，鲍叔家国至上谦逊淡泊） 2020上海卷（面对“转折”） 2019北京卷（文明的韧性）
科教创新	2019全国卷一（“热爱劳动，从我做起”演讲稿） 2017全国卷一（选择关键词，帮助外国青年读懂今日之中国）
伦理法制	2015全国课标卷一（事件评述：小陈举报父亲高速路上开车时接电话）

【案例分析】

“理想信念”主题素材积累示例

理想信念是指引人们前行的灯塔，它让人们在平凡的人生中找到不平凡的意义，在历史长河中留下或浓或淡的色彩。在这样一个风起云涌的时代，青年们不缺勇气，更不可失去理想和信念。作为新时代的中学生，是否具有远大的理想和坚定的信念，不仅会对自身产生极大的影响，也将会对社会造成巨大影响。“理想信念”这一命题便于学生抒写自己的雄心壮志，便于帮助他们找到那一份最根本最持久的动力。

素材积累“三三三”模型。

1. 三个具体事例

（1）顾方舟：消灭“脊灰”，他是一座丰碑。

2019年1月6日，“顾方舟先生缅怀会议”在中国医学科学院北京协和医院举办。1955年，具有高度传染性的小儿麻痹症在全国肆虐。1957年，31岁的顾方舟临危受命，开始对“脊灰”进行研究。1958年，他筹建起研究所；1960年，首批脊灰活疫苗即研制成功；1962年，他又牵头成功研制了糖丸减毒活疫苗。往后的20多年，他始终致力于脊灰病毒及其疫苗的研究，在他和他的团队的努力之下，2000年，我国正式成为无脊灰国家。顾方舟用一生的奉献与探索为“脊灰”防治工作画上了句号，也在历史上留下了关乎“理想信念”的一座丰碑。

（2）张熇、叶培建：中国航天精神的传承与接力。

2019年1月3日，“嫦娥四号”探测器成功着陆月球背面，它传回了世界第一张近距离拍摄的月背影像图。同时，另一张照片也在网上广为流传：在航天飞行控制中心，一位女航天员因激动而难以自已，另一位年长的航天员站在她的身后，紧紧握住她的右手。女航天员是嫦娥四号探测器项目执行总监张熇，握她手的是嫦娥一号卫星总设计师叶培建院士——两代“嫦娥人”的手握在一起，这或许是对中国航天精神传承与接力的最好注释。

（3）徐则臣：行走古老运河，成就《北上》著作。

2019年，似乎一夜之间，各大实体书店的书架上就多了一个新鲜的名字“徐则臣”。2019年8月，1978年出生的青年作家徐则臣凭借长篇小说《北上》获得了第十届茅盾文学奖。在青年作家中，徐则臣素以有信念、够勤奋著称。为了完成《北上》这部关于京杭大运河的历史与现实的小说，他花了四五年时间，不停阅读文献，也不断行走于运河——资料翻了几十本，1797公里的运河，重要的地方走了无数遍。正是因为心中坚定的信念，以及信念支撑下的行动，最终令这部小说用具体真实的细节传达出了丰厚的历史感和现实感。

2. 三个概括事例

（1）胡忠、谢晓君夫妇，放弃成都名校的工作，2000年至今，坚守藏区支教，他们纯洁的追求，仍然让世界相信：精神无敌。

（2）“我必须跑得更快，才能从病毒手里抢回更多病人。”武汉金银潭医院的张定宇把理想和信念转变成了他作为医生的职业道德。

（3）始终心系农民的朱有勇，致力科技扶贫，研发病虫害技术，把青春奉献给三农事业，体现了一名共产党员知识分子的道义担当。

3. 三句名人名言

（1）苏霍姆林斯基：“思想是根基，理想是嫩绿的芽胚，在这上面生长出人类的思想、活动、行为、热情、激情的大树。”

（2）列夫·托尔斯泰：“要有生活目标，一辈子的目标，一段时间的目标，一个阶段的目标，一年的目标，一个月的目标，一个星期的目标，一天的目标，一个小时的目标，一分钟的目标。”

（3）蒙田：“只有信念使快乐真实。”

【拓展演练】

依照上面的“案例分析”，试为“科教创新”主题，完成素材积累。

三个具体事例____

____

____

____

三个概括事例____

____

____

____

三句名人名言____

____

____

____

三、突破模式，灵活关联

【问题描述】

运用热点素材的意识增强了，也有了相应的素材积累，在作文中关联社会热点是否就轻而易举了呢?

新的问题又出现了。最典型的就是：“一个分论点+一个社会热点素材”——模式固化，刻板单一。

【解决良方】

解决素材使用“模式固化，刻板单一”问题，关键在于“灵活”二字。“灵活”具体体现在五个方面：位置、数量、详略、类型、使用方式。

从位置上看，不能只在分论点内使用热点素材，文章开头、结尾也可以巧妙出现。

从数量、详略上看，在几个分论点内部，不要全是“一个分论点+一个社会热点素材”的刻板模式。有的，可以用一个详例主打；有的，可以用多个概括事例来支撑。建议不要从头到尾都用详例，也不要从头到尾都是概括。

从类型上看，有正面、反面素材；有以人物为主、事件为主和名人名言、报告文件等素材。人物类、事件类素材会有交叉，这里的区别我们用具

体的例子来说明。比如，道德模范“乡村烛光”叶连平，就是用一个人的某段人生为例；而科学家直播的素材，就是一个典型的事件类素材，一个有一定社会影响力的热点事件，当然也涉及一些人，但明显重心在“事”不在“人”。

从使用方式上看，有先叙后议、夹叙夹议的区别，有直接引用、情景演绎的不同。

在关联社会热点素材时，如果位置上有考虑，数量详略上有区别，类型上做到了兼顾，使用形式上富于变化，我们的作文就能打破模式化，走向灵活与丰富。

【案例分析】

（1）《君子之风，如玉比竹》（广东考生/2020全国卷一作文）

亲爱的同学们：

我非常荣幸能在读书会上有此发言机会。历史的风起云涌，时代的大浪淘沙，让后人铭记了一个个鲜活的英雄人物。读罢齐桓公、管仲和鲍叔三人的故事，我看到了不计前嫌、虚怀若谷的齐桓公，看到了才能出众、成就大业的管仲，但让我感触最深的却是拥有如玉比竹的君子之风的鲍叔。现在，我就将自己细微的思想火花与大家交流一下……

结尾段：演员何冰在《后浪》里致辞：“一个国家最好看的风景，就是这个国家的年轻人。”同学们，在奔流不息的时代巨流里，我们要追寻那如玉比竹的君子之风，奔涌向前，方不负这大好河山，无限风光。

分析：《后浪》是B站2020年五四前夕推出的演讲视频，由国家一级演员何冰深情演出，认可、赞美与寄语青年一代。随后，这段演讲就在朋友圈刷屏；不到一个月，播放量就达两千多万，有上百万点赞和转发。这篇考场作文谈了青年人应当追寻的美德和操守，在结尾段简洁明了地提及这被网友赞为“少年中国说现代版”的热点视频素材，极易引发普遍共鸣。

（2）《跨越雄关，我们走在大路上》（2019年12月27日人民日报评论）

世界之大，光阴之长，需要用奋斗者的脚步去丈量。2019年，人们的记忆中留下了一连串闪光的名字。从荣获“共和国勋章”的张富清、袁隆平、屠呦呦等共和国功臣，到来自工矿车间、科研一线、村镇社区、大中小学的“最美奋斗者”；从朱有勇、卢永根、李夏等“时代楷模”，到奋战在脱贫一线的驻村干部、第一书记，千千万万个劳动者、追梦人，用自己的奉献、爱心和拼搏，汇聚起国家奔腾向前的历史潮流，构筑成一个民族的精神丰碑。亿万人胼手胝足的勤劳奋斗，不仅成为中国人民70年的集体记忆，也共同凝聚成新时代铿锵的雄浑乐章。正如习近平总书记强调的，“人民是共和国的坚实根基，人民是我们执政的最大底气。”

分析：这段文字中，社会热点素材的关联就相当灵活：大量概括举例，增加了文章的信息量、说服力，还在一定程度上降低了对素材积累确切度的要求；除了人物类素材，在段末还运用了名言类素材。

（3）《闯关夺隘勇向前》（2019年12月30日人民日报评论）

“山河犹在，国泰民安。这盛世，如你所愿。”新中国70华诞盛典之际，这句话令无数人动容，也说出了中国人的心声。这一年，我们喜逢盛事。天安门前，欢庆的群众载歌载舞；长城脚下，世园会的花朵竞相开放；濠江两岸，繁华的都市灯火璀璨。这一年，我们见证历史。“嫦娥四号”成功着陆月球背面，令世界惊艳；中国女排11连胜，让国人振奋。这一年，我们目睹巨变，敦煌铁路全线通车，西部路网布局进一步完善；北京大兴国际机场通航，打造辐射全球的国际航空枢纽……一个个记忆犹新的成就，记录下一个个印刻在人们记忆中的历史瞬间，汇聚成国家民族的宏大叙事。

分析：这段文字中，同样的概括举例引入了“分类”（喜逢盛事、见证历史、目睹巨变）意识之后，和上一个范例又有所不同；“见证历史”“目睹巨变”两个层次，是常规的概括举例；而“喜逢盛事”中“天安门前，欢庆的群众载歌载舞；长城脚下，世园会的花朵竞相开放；濠江两岸，繁华的都市灯火璀璨”几句，用“情景演绎”的方式关联社会热点，虚虚实实之间别有韵味。

【拓展演练】

作文题

《人类简史》的作者有一种对未来的判定，人工智能——尤其是具有了“自学”或自我进化能力的人工智能机器人——有一天可能会取代人类；美国的实验室也发现智能机器人互相对话时，竟然能发出人类无法理解的独特语言；甚至有媒体打出了“留给人类的时间不多了”的标题。

以“我看人工智能”为主题，写一篇议论文。

要求：观点明确，综合运用社会热点素材关联的多种方式。

【参考示例】

（一）了解趋势，强化意识

1. 2019全国卷一优秀作文片段

一个时代有一个时代的气质，时代将以什么样的面貌被历史书写，取决于我们每个人的劳动。有一个人，曾没日没夜不断地劳动，最终培植出了杂交水稻，解决了十三亿中国人的温饱问题。所有人记住了这位埋头苦干，实现了让大多数人远离饥饿的梦想的老人的名字——袁隆平。当今社会，有许多如袁隆平一般的人，中国梦，就体现在这些埋头苦干的人身上。致力于故宫文物修复，业余时间也PS老照片的90后刘思麟；两会上备受关注，时刻铭记自己作为人大代表的使命的80后快递小哥柴闪闪；出自“砌墙世家”，在世界技能大赛中为中国摘得荣誉的95后人大代表邹彬……他们在工作岗位上兢兢业业，用劳动一点一滴铸就自己的梦，他们终将成为中国的脊梁。

2. 回头反思，可以重拾人生

叶连平，本是安徽省一名平凡的教师。2000年，退休后72岁的他，看到孩子们因学不好英语而厌学、许多留守儿童无人辅导作业，开始反思自己能否做点什么——他决定自费在家里办一个“留守未成年人之家”，辅导孩子们作业，给他们上英语课。直到鲐背之年，92岁高龄的叶连平仍然坚持为学生义务辅导，他先后辅导学生1000余名；2012年又设立“叶连平奖学金”，在社会各方的支持下，累计发放10万多元，奖励资助了132个孩子。2019年，叶连平被评为第七届全国道德模范，被授予“最美奋斗者”称号。明明可以安享晚年，叶连平却在一番反思之后，成为了余热生辉的“乡村烛光”，活出了一段令人钦佩的薪新人生。

（二）研究命题，分类积累

1. 三个具体事例

（1）青岛：让科技为垃圾分类实践创造更多可能。

2019年1月2日，青岛十几位居民在一个黄蓝相间、类似储物柜的铁柜子前围观。最前面的一位居民正在摆弄柜子中央的电子屏幕，当点击屏幕上的“结束投递”之后，一个标有4毛4分钱的二维码出现在了屏幕之上。这是一台“小黄狗智能垃圾分类回收机”，投进废旧物品不用半分钟，所换得的钱就能返还到手机上。根据相关工作人员介绍，这是该区首台实时返现智能垃圾分类回收机，目前全市已经布局220台，春节前将在全市累计投放350台。

（2）李安：当艺术遇上科技，是机遇还是灾难？

2019年10月18日，李安导演的电影《双子杀手》在中国内地上映，延续了“120帧+4K+3D”的技术组合。在电影引发的讨论中，最大的分歧在于120帧：这样的技术革新是否为必须？120帧下，观众眼中的世界清晰了数倍，每个画面都蕴含着巨大信息量。100多年来，电影一直被视为追梦的艺术。某种程度上，模糊为电影带来了特有的韵味，电影的魅力常在于与真实的似与不似之间。120帧改变了传统的观影感受，不少人担心逼真的观感会破坏电影的叙事以及观影体验。那么，到底科技是解放了艺术还是消解了艺术？

（3）科学家搞直播：谁说科研注定曲高和寡？

中科院物理所在B站的官方账号叫“二次元中科院物理所”，被粉丝们戏称为“中二所”。每周三晚8点，这群年轻科学家都会聚集在中科院物理所的一间实验室进行直播，做实验，和弹幕互动，回答稀奇古怪的物理问题：雨滴从那么高的地方降落，为什么不会砸死人？两点之间直线最短，可闪电为什么不走直线？人冬天穿衣服为了保暖，夏天穿衣服又为了什么……他们用一种很“皮”的方式谈论科学。三个月内，视频播放量近500万，直播人气最高的一次，有144万人同时在线观看。

2. 三个概括事例

（1）有着50年栽培历史的新疆下野地西瓜，在2017年带着一扫可查其“前世今生”的二维码身份证，畅销全国。

（2）2019年“量子波动速读”骗局一度成为众多家长“高大上”的选择，科技创新不是为了以“科学”为利器达到偷奸耍滑的目的。

（3）2020年7月《中共中央国务院关于深化教育教学改革全面提高义务教育质量的意见》（以下简称《意见》）正式印发。在“坚持‘五育’并举，全面发展素质教育”中，提出要“强化体育锻炼”。

3. 三句名人名言

（1）李四光：“科学的存在全靠它的新发现，如果没有新发现，科学便死了。”

（2）马云：“真正的大企业不是看市值有多大，而是担当有多大，不是看市场份额有多大，而是看是否掌握了核心和关键的技术。”

（3）日本松下电器创始人松下幸之助：“非经自己努力所得的创新，就不是真正的创新。”

（三）突破模式，灵活关联

与AI共筑新时代

——我看人工智能

近年来，人工智能成了时代热词，2016年的人机围棋大战更是将其推到了风口浪尖，伴随而来的争议也从未停止。越来越多的人工智能产品，时时听闻的负面新闻，常常让大众“悲喜交加”。我们到底该不该欢迎AI时代的到来？我认为，与其恐惧，不如主动拥抱，与AI一起共筑新时代，让AI真正变成时代大“爱”。（首段，蜻蜓点水式提及热点素材，目的是引出“争议”，进入话题。）

首先，AI其实本质上与互联网、智能手机等科技相差无几，其终极目标都是为了让我们的生活更快捷方便，为何要拒绝AI的到来？正如腾讯所推出的新闻写作机器人，它不仅能在没有人帮助的情况下自行写作，而且“大大提速”——十多分钟便能完成上千字文章的撰写和编辑，提高了效率，让新闻工作者从低效、重复的工作中解脱出来，去完成更高质量的工作，大众也能在最短的时间里获得最新的资讯，这难道不是我们每个人最愿看到的高效生活吗？在几十年前，我们没人能想象到如今的互联网科技能彻底改变我们的生活，同样的，我们也无法否认未来在AI时代我们的生活将会再次被颠覆。拒绝AI更是对更美好未来的拒绝，唯有与AI同行，让复杂的世界更简单，我们才能迎来更好的时代。（第一个分论点内，用新闻写作机器人一例支撑，采用叙议结合的方式。）

其次，AI的诞生不是为了消灭、打败人类，而是要让人类不断突破自我，寻找新的可能。围棋天才少年柯洁迎战AlphaGo，结果却未能获胜，这更是引起许多人恐慌，柯洁也因“没有为人类争口气”而泪洒现场。而在之后的几个月里，柯洁潜心钻研计算机算法，在战败后的数个大赛中几乎全胜，那时的他一脸从容地说道：“与人工智能的对抗，无论谁赢都是人类的胜利。”“人工智能能帮助我们人类棋手取得更大进步。”诚哉斯言，正是有了AI的加持，我们人类才有更多的可能和进步的空间，新时代是我们与AI的时代。（第二个分论点内，再用“人机大战”为详例，以柯洁言行来进行情景化演绎。）

在新时代中，AI更是为我们的生活注入了更多爱的元素。有智能机器人与孩子共度快乐时光，有AI帮助寻找走失儿童，有手术台上的机械臂给患者带去生的希望，还有清华开发的AI诗人“九歌”为古典诗歌的学习提供了崭新方式……在新时代里，人工智能已不再是冰冷的机器，它能给我们带来无穷的美好回忆，更是我们人类的得力助手。新时代，让我们与AI一起创造爱。（第三个分论点内，罗列4个概括事例进行论证。）

对于人工智能种种令人担忧的事故，我认为那不应也不是我们拒绝AI的理由。正如AI专家李飞飞所言：“人工智能仅有60年历史，与物理学对比，人工智能可能还处于‘伽利略时代’。”人工智能的发展还只是起步阶段，技术不完善也无可厚非，而为了尽可能避免这些事故的发生，科研人员更应担起这义不容辞的责任，真正让这项科技惠民惠国。（结尾部分，使用名言类素材，增强说服力。）

对于AI时代的到来，我们不必恐慌，而应主动拥抱AI，与AI共筑新时代，奏响新的时代华章。

分析：本文在关联社会热点素材时，有位置上的变化（首尾、主体），有数量详略的区别（分论点一二为详例，分论点三为概括事例），有类型的兼顾（事件类、名言类），使用方式上也不刻板（分论点一先叙后仪，分论点二情景演绎），故而行文灵动，论证有力。

问题三：如何增强写作的批判性

同学们，看过2020年各地的高考作文题了吗？它给我的最大的感觉就是，更加凸显了批判性思维的重要性，这无疑对于具有批判性思维的考生来说是非常有利的。比如全国一卷的“管鲍之交”，全国三卷的“如何为自己画好像”，或者全国新高考一卷的“疫情中的距离与联系”，北京卷的“每一颗都有自己的功能”，天津卷的“中国面孔”等都在考查学生面对一个抽象的命题时，能不能从多元、辩证、差异的角度看问题。每一个作文题目都有“角度自选”的要求，有竞争力的好角度不是在考场上转转笔就能想出来的，而是批判性思维的产物。

那么，什么是批判性思维？简而言之，批判性思维就是不盲从，不盲信，保持怀疑与质证，并用自己的大脑去判断、去思考，非经自己独立思考和判断不做结论。比如，下面一则作文材料。

阅读下面的材料，根据要求写作。（60分）

交往中，人们往往因某方面的趋同相互吸引而走得比较近，同时疏远、排斥与自己存在较大差异的人。面对这样的交往，有人觉得趋同会给人带来快乐、和谐；也有人觉得这意味着多样性的缺乏，还可能会影响到认知。

要求：对此，你有怎样的体验和思考？写一篇文章，谈谈自己的看法。要求：①角度自选，立意自定，题目自拟；②明确文体，不得写成诗歌；③不得少于800字；④不得抄袭、套作。

片段一：

广泛的交往可以增长我们的见识，常言道，见多识广。广泛的体验与感受新鲜可以使我们了解更多的未知。见识正是在探索和发现中增长，而交往可谓是一种良好的手段。面对人生路上各种各样的困境，丰富见识让我们能够更加顺利地克服困难。在近代，洋务运动，变法改革都是革命先烈为消除百姓根深蒂固的封建思想而进行的，这种封建思想正是由清王朝闭关锁国，人民缺乏多样性的交往所致。后来的《新青年》发出震聋发聩的时代之音正是广纳海川之音。在现代，无数学子渴望到高级学府求学，无论是国内还是国外，高等学府无疑为他们提供了良好的学习资源与氛围，更重要的是为他们提供了多样性交往的机会，拓宽他们的人脉，增长他们的见识。

片段二：

我们不仅要同而相和，而且要学会和而不同。

同而相和，是本能的需求。有相同爱好的人、价值观相近的人趋向于在一起生活，是人作为群居动物的本能。人在社会中需要“社会认同感”，而与自己相似的人待在一起会使获取这种认同感变得容易，从而更容易获取快乐。如果让一个人处在与自己大不相同的人群中，就像是误入了鸭子群的小天鹅，成为一只“丑小鸭”，不断被否定、被批判，难以得到内心的慰藉。但是只有同而相和，难以得到深层的进步。相似的人思维也是相似的，缺乏思维的多样性。他们观察事物多是片面的，思考问题也往往只能看到一面，不能深入全面地看待问题。只有一类人的群体，就像是只有一种生物的种群，是无法构成多样化的群落的。

和而不同，是理智的选择。若两个人即使有很多的不同，他们也仍能互相交往，那么这便是因他们的理智促使他们选择对方了。这样的交往，更有利于思想的交流，可以提高认知的维度。庄子和惠子便是“和而不同”的很好例子。他们两个人是很好的朋友，可是庄子和惠子的思想却大不相同。一个注重自身的感受，一个注意客观的现实；一个唯心，一个唯物。但思想上的不同并没有影响到两人的友谊，反而促进了他们思想的进步，也为后人留下了“子非鱼，安知鱼之乐”的千古名句。所以和而不同的交往是理智的选择，不单单追求一种认同感，而是寻求思想的交流碰撞，寻求自身的突破与提高。

同而相和，和而不同并举，才能更好地交往。人除了本能，还有理智，同而相和满足本能，和而不同满足理智。两者并举，便是本能和理智都有了归宿。这两者紧密结合，相辅相成，无法剥离开来。如果分开，便是鱼离开了水，便是树离开了阳光，便是鸟离开了天空。而这两者结合的力量也是常人不可想象的，它促进了相同的人交往，不同的人交流碰撞；也鼓励了相同的文化相互融合，不同的文化交流借鉴，让世间的人们生活在更和谐、更多元、更美好的社会中。

材料先给出了一个社会现象“趋同让人们相互吸引、接近，同时疏远、排斥和自己差异较大的人”。就这一现象，材料给出了两种不同观点：一种认为趋同让人与人关系亲近，给人带来快乐、和谐；一种认为趋同会导致多样性的缺失，影响人们的认知。考生要在此基础上展开联想和思考，发表自己的看法。

有的考生就如片段一，只是单边地赞同“趋同”或“多样性”，忽略了联系对立立场，没有在比较辩驳中立意并论证自己的观点。有的考生各写一半，“趋同”和“多样性”分别写一个段落论证，缺少对两者之间关系的阐释和两者在什么条件下对立统一的辨析。而从片段二可以看出，这个考生拿到材料后并没有盲从材料给出的内容：“趋同让人们相互吸引、接近，同时疏远、排斥和自己差异较大的人。”没有在简单阅读材料后选择一个关键词、一个关键逻辑就开始写，而是仔细分析了材料的逻辑，全面考虑了材料中关键词“趋同”“多样性”的联系，得出中心论点“我们不仅要同而相和，而且要学会和而不同”。这样，做到不盲从、不盲信的独立思考就使思维具有了深度。

一、质疑材料，精准立意

【问题描述】

同学们，学写议论文一段时间之后，你的写作可能会进入瓶颈期，而高中语文课程标准又明确提出了“思辨性阅读与表达”的要求，那么我们怎样才能增强文章的逻辑性和深刻性，从而让自己的文章升格为一类文呢?

【解决良方】

这需要我们用批判思维来增强写作的批判性。批判性思维是一种自觉，通过质疑、查证和推理考查论证的合理性，从而决定信什么和做什么的思维。它不等于简单的批评、否定，也不是挑刺，更不等同于创新思维，而是一种“反省式思维”，是有目的、自我校准的思维，是对某种思想言行的系统分析。“批判性”强调合理的质疑和理性的反思，侧重于从理性和深度上对问题进行建设性分析。所以，我们可以通过质疑材料来精准立意，使我们的文章具有批判性。

质疑是对材料本身进行发问，它是通向材料核心的一个入口，可以帮助我们精准立意。我们要尽量直击材料的可疑之处进行发问。可疑之处一般就是矛盾之处。

【案例分析】

看下面的材料。

一个游客去波罗的海海滨度假，找到一处房屋，打算同房东——一位和蔼可亲的老人签下租房合同。老人劝他不妨先试住几天，看究竟合适不合适，再作决定。游客住下后感到很满意。到第5天，将要签合同时，却发生了一点意外：一个精美的玻璃杯被他不小心打碎了。他有些忐忑不安地打电话告诉了老人，老人说："不要紧，你又不是故意的，我过来签合同时再拿一个来。"游客把碎玻璃和屋里的其他垃圾打扫了。不久，老人来了，进屋后就问："玻璃杯碎片呢？"游客回答说，已装进垃圾袋，放到门外了。老人赶紧出门，打开垃圾袋看过后，脸色凝重地对游客说："对不起，我不再把房子租给你了。"然后，老人仔细地将玻璃碎片一一捡了出来，放入另一个垃圾袋，写上："玻璃碎片，危险！"

要求：自拟标题，自选文体（诗歌除外），不少于800字。

同学们我们试着来找一找这则材料的矛盾点。

这则材料的矛盾点是：老人之前答应把房子租给游客，不久后又不想租给游客了。

质疑矛盾点：为什么之前答应签租房合同的老人又不想把房子租给游客？

从"老人不满意游客把玻璃碎片装进垃圾袋，放在门外"。后来"老人将玻璃碎片一一拣出来放到另一个垃圾袋里，并写上'玻璃碎片，危险！'"，可知，老人后来又不想把房子租给游客是因为游客没有为他人着想。

所以我们可以这样立意：要学会为他人着想。

再比如：

因父亲总是在高速路上开车时接电话，家人屡劝不改，女大学生小陈迫于无奈，更出于对生命安全的考虑，通过微博私信向警方举报了自己的父亲；警方查实后，依法对老陈进行了教育和处罚，并将这起举报发在官方微博上。此事赢得众多网友点赞，也引发一些质疑，经媒体报道后，激起了更大范围、更多角度的讨论。

对于以上事情，你怎么看？请给小陈、老陈或其他相关方写一封信，表明你的态度，阐述你的看法。

要求：综合材料内容及含意，选好角度，确定立意，完成写作任务。明确收信人，统一以“明华”为写信人，不得泄露个人信息。

这则材料的矛盾点是：女儿小陈举报自己的父亲。

质疑材料：为什么女儿小陈举报自己的父亲?

“因父亲总是在高速路上开车时接电话，家人屡劝不改，女大学生小陈迫于无奈，更出于对生命安全的考虑”，所以小陈举报父亲，是对亲情的守护。是用法律法规守护亲情。

所以从肯定小陈的角度来立意就是：

举报，是对亲情的守护。

用法规守护亲情。

在我们理解材料的基础上，可以直奔“可疑之处”，接下来我们只需要找到原因即可。这样的追问，可以帮助我们不拘泥于言行，而去直接思考言行背后的思想动机。

当然，在立意之后同学们最好也能在理性质疑和批判后再下笔。比如“我找到的原因是否能回答最初的为什么？”“我的观点是否有漏洞？”“我的观点是否存在意义？”等。只有我们以一种怀疑、审视的态度做出理性的判断，并找出支撑自身判断的理由，才能最大化地保证我们写作方向的正确，让我们的议论文写作更加有深度。

【拓展演练】

请用“质疑材料法”为下面一则材料立意。

阅读下面的材料，根据要求作文。

有一棵大树，枝繁叶茂，浓荫匝地，是飞禽、走兽们喜爱的憩息场所。飞禽、走兽们经常讲它们旅行的见闻。大树听了，请飞禽带自己去旅行，飞禽说大树没有翅膀，拒绝了；请走兽帮助，走兽说大树没有腿，也拒绝了。大树决定自己想办法。它结出甜美的果实，果实里包着种子。飞禽、走兽们吃了果实，大树的种子就这样传播到世界各地。

要求：请根据上面的材料，自选角度，自拟题目，写一篇不少于800字的记叙文或议论文。

材料矛盾点：________________________________

质疑矛盾点：________________________________

立意：____________________________________

二、归谬说理，以退为进

【问题描述】

同学们，在使用“质疑材料法”后应该可以精准立意了吧？接下来你们可能要问，那论证过程中如何体现批判性呢？我们可以通过下面的方式来实现。

【解决良方】

这个方法就是：归谬说理，以退为进。

归谬法是假定对方论点是正确的，以退为进，引其入谬，来达到反驳对方论点的目的。所以同学们可以尝试着在议论文的写作中运用此法，这样不仅可以增强文章的批判性，同时还会收到意想不到的反驳效果。理性思辨离不开质疑，质疑是走向真理的必经之路。质疑和反驳才能促进我们走向理性和公正，从而使我们的文章具有批判性。

阅读下面的材料，根据要求写作。

“民生在勤，勤则不匮”，劳动是财富的源泉，也是幸福的源泉。“夙兴夜寐，洒扫庭内”，热爱劳动是中华民族的优秀传统，绵延至今。可是现实生活中，也有一些同学不理解劳动，不愿意劳动。有的说：“我们学习这么忙，劳动太占时间了！”有的说：“科技进步这么快，劳动的事，以后可以交给人工智能啊！”也有的说：“劳动这么苦，这么累，干吗非得自己干？花点钱让别人去做好了！”此外，我们身边也还有着一些不尊重劳动的现象。这引起了人们的深思。

请结合材料内容，面向本校（统称“复兴中学”）同学写一篇演讲稿，倡议大家“热爱劳动，从我做起”，体现你的认识与思考，并提出希望与建议。

要求：自拟标题，自选角度，确定立意；不要套作，不得抄袭；不得泄露个人信息；不少于800字。

学生习作1：

“民生在勤，勤则不匮”，是先人的谆谆教诲。但在今天，科学技术日新月异，随着人工智能走进人们的生活，我们不知不觉越来越依赖人工智能，认为既然人工智能可以做，为什么还要自己动手？诚然，人工智能的发展，可以使人们摆脱繁杂的家务劳动，可是当我们全部依靠人工智能时，也就失去了劳动过程中的快乐。久而久之，人便会越来越懒惰，甚至懒于思考，后果不堪设想。不少的学生以学业忙为借口，由父母包办一切，有的读到研究生，却连自己洗衣服的能力也不具备。这样拥有高学历，但没有劳动能力的人，怎么能算是人才呢？同学们，让我们热爱劳动，在劳动中实现自己的价值，在劳动中历练成就我们绚丽的人生。

——广东考生《让青春在劳动中绽放光彩》

分析：这段文字，作者首先承认人工智能的积极意义，紧接着笔锋一转，“诚然，人工智能的发展，可以使人们摆脱繁杂的家务劳动，可是当我们全部依靠人工智能时，也就失去了劳动过程中的快乐。久而久之，人便会越来越懒惰，甚至懒于思考，后果不堪设想。”“诚然”“可是”，极具辩证意味。随后肯定学业忙，紧接着得出“拥有高学历，但没有劳动能力的人，怎么能算是人才呢”的结论，从而批驳“以学业忙为借口”而不劳动的学生，最后指出劳动的不凡意义。先认可，再批驳，最后发出号召。这样的逻辑具有较强的说服力，令人信服。

再如：

阅读下面的文字，根据要求作文。

有一种观点认为：作家写作时心里要装着读者，多倾听读者的呼声。

另一种看法是：作家写作时应该坚持自己的想法，不为读者所左右。

假如你是创造生活的“作家”，你的生活就成了一部“作品”，那么你将如何对待你的“读者”？根据材料写一篇文章，谈谈你的看法。

要求：立意自定，角度自选，题目自拟。明确文体，不得写成诗歌。不得少于800字。不得抄袭、套作。

学生习作2：

但又有那流言中伤、冷嘲热讽，抑或是尖酸刻薄地对你的生活评头论足。诚然这些打击使我们暂失“写作”的勇气，但在轰然交错的舆论风向中，我们更能看清自己，更能看清自己所坚守的理想信念，不愿为之失去方向。风狂雨急之时，乌云笼罩在茫茫苍穹，一片阴翳之中，我们才能意识到脚下的土地方是心之所向，这便是“读者”的第二份礼物。由是观之，“读者”的呼声并不能左右我们的笔端，而我恰要把他们予我的压力与动力化为笔下风云。

分析：这段文字很明显赞同的是第二种看法，但是在本段的开头先是认可了“这些打击使我们暂失‘写作’的勇气”，然后顺势转折引申一步“但在轰然交错的舆论风向中，我们更能看清自己，更能看清自己所坚守的理想信念，不愿为之失去方向”最后得出结论“由是观之，‘读者’的呼声并不能左右我们的笔端，而我恰要把他们予我的压力与动力化为笔下风云。”运用归谬法，可以使语段有破有立，可以深刻地指出有偏差现象或说法的本质问题，更好地为论点服务，同时也能够体现同学们较高的思维能力。

【拓展演练】

请用“归谬说理法”写一段论证语段。

阅读下面的材料，根据要求写作。

托姆是法国著名数学家。有一次，他同两位古人类学家讨论问题。谈到远古的人们为什么要保存火种时，一位人类学家说，因为保存火种可以取暖御寒；另外一位人类学家说，因为保存火种可以烧出鲜美的肉食。而托姆说，因为夜幕来临之际，火光灿烂多姿，是最美的。

要求：综合材料内容及含意，选好角度，确定立意，明确文体，自拟标题；不要套作，不得抄袭；不少于800字。

____

____

____

____

三、假设论说，深入思考

【问题描述】

同学们，在说理的过程中，难免会有些逻辑的前提是我们可能考虑不到的，而严谨的逻辑思维会使我们的说理更具有力量，更有批判性，这时我们该如何做呢?

【解决良方】

我们可以使用“假设论说法”进行深入思考，来使说理具有严密的逻辑。“大胆假设，小心求证”，追求一种综合意义上的“合理性”，不仅合理质疑，更要合理解释。

假设论说是针对材料中的现象或举例，从反面进行假设，从而有力地论证自己的观点的方法。我们可以通过“如果不……就……”“假如没有……就不能……”来实现。

【案例分析】

阅读下面的材料，按要求作文。（60分）

评阅试卷时，常常会听到数理化等科目的老师向语文老师抱怨："学生连题目都读不懂！审题不会'咬文嚼字'怎么会做题？"

新冠肺炎疫情防控的中流砥柱钟南山院士同中学生分享学习体会："学好语文最关键，学好语文才能对事情进行分析，进行综合和总结。"

今年，武汉发布的32张抗疫感恩海报获得了无数点赞。"下个烟花三月，一同登楼望春风""八闽来助，江城有福"……32处美景，配上32句各具特色的美言，让人觉得美好又充满希望。

外交部发言人耿爽回应美方诋毁中方的抗疫努力："行有不得，反求诸己。"此句为孟子所言，意为做事不成功，就要从自身找原因。大批网友纷纷赞其"驳得好"的同时也感慨："不学好国学知识，中国话你都听不懂！"

学生小陈经常在班上宣扬语文学习无用论。作为小陈的同学，读了上述材料，你对语文学习有何感想？请你写一篇文章来反驳小陈。

要求：结合材料，自选角度，确定立意，自拟标题；切合身份，贴合情境；明确文体；不要套作，不得抄袭；不得泄露个人信息；不少于800字。

学生习作1：

所以，小陈，语文学习怎会无用？语文学习是基础中的基础，是促进我们全面发展的重要支撑。我想，小陈你无非以为语文提分慢，要拿高分全凭感觉。然而，请君试想，如果没有良好的语文素养，仲尼无法作《春秋》，屈原无以赋《离骚》，更不会有徐光启翻译《几何原本》，古今中外一切的经验成果都难以清晰地流传至今；如果没有良好的语文素养，我们很难正确理解数理化生课本上的字句，读懂题目要求，理性的思维无从说起，又何谈深层次的钻研学习？小陈，可见唯有踏踏实实地打好语文的基础，才有能力将目光投向更高更远的征程。

分析：文段从反面，"没有良好的语文修养"进行假设，指出如果假设成立，"仲尼无法作《春秋》，屈原无以赋《离骚》，更不会有徐光启翻译《几何原本》，古今中外一切的经验成果都难以清晰地流传至今""我们很难正确理解数理化生课本上的字句，读懂题目要求"，从而从反面证明了观点"语文有用"。

再比如：

阅读下面的材料，根据要求写作。

春秋时期，齐国的公子纠与公子小白争夺君位，管仲和鲍叔分别辅佐他们。管仲带兵阻击小白，用箭射中他的衣带钩，小白装死逃脱。后来小白即位为君，史称齐桓公。鲍叔对桓公说，要想成就霸王之业，非管仲不可。于是桓公重用管仲，鲍叔甘居其下，终成一代霸业。后人称颂齐桓公九合诸侯、一匡天下，为“春秋五霸”之首。孔子说：“桓公九合诸侯，不以兵车，管仲之力也。”司马迁说：“天下不多（称赞）管仲之贤而多鲍叔能知人也。”

班级计划举行读书会，围绕上述材料展开讨论。齐桓公、管仲和鲍叔三人，你对哪个感触最深？请结合你的感受和思考写一篇发言稿。

要求：结合材料，选好角度，确定立意，明确文体，自拟标题；不要套作，不得抄袭；不得泄露个人信息；不少于800字。

学生习作2：

试想一下，如果没有齐桓公的宽广胸怀，哪里有管仲的忠心耿耿？如果没有管仲的忠心耿耿，哪里有齐国的兵强马壮？如果没有齐国的兵强马壮，哪里有齐桓公“九合诸侯，一匡天下”之威名？

文段通过“如果没有……，哪里有”的句式从反面进行假设分析，层层递进，得出齐桓公的成功与其宽广胸襟息息相关的结论。雄辩有力，震撼人心，增强了文章的说服力。

【拓展演练】

请用“假设论说法”写一段论证语段。

阅读下面材料，根据自己的体验和感悟，写一篇文章。（60分）

生活中有不同的“器”。器能盛纳万物，美的形制与好的内容相得益彰；器能助人成事，有利器方成匠心之作；有一种“器”叫器量，兼容并包，彰显才识气度；有一种“器”叫国之重器，肩负荣光，成就梦想……

要求：自选角度，自拟标题；文体不限（诗歌除外），文体特征明显；不少于800字；不得抄袭，不得套作。

【参考示例】

（一）质疑材料，精准立意（参考立意）

材料矛盾点：飞禽、走兽都拒绝带大树去旅行，大树的种子传播到世界各地。

质疑矛盾点：为什么飞禽、走兽都拒绝带大树去旅行，大树的种子却能传播到世界各地?

立意：面对困境，要努力创造条件，成就自我；我们要自立自强；求人不如求己。

（二）归谬说理，以退为进（参考语段）

诚然，精神上的满足远没有物质上的满足来得快捷，甚至，在这个快节奏的时代，人们常常因为只满足于物质而放弃追求精神。但是人如果只有物质上的满足，生活便会变得空虚；如果懂得去追求精神层面的富足，那么，生活会变得更多彩。

（三）假设论说，深入思考（参考语段）

器量之于人，是成就事业的基石。蔺相如出使秦国，忍受廷辱是器量；廉颇负荆请罪于蔺门也是器量。赵国文相武将的大器量不仅帮助他们在群雄争霸中施展了自己的本领，维护了赵国的安宁，也让他们的美名彪炳史册。试想，如果蔺相如因为秦王的戏辱而鲁莽行事，那损失的将不仅仅是一块和氏璧，更重要的是白白送给秦国一个攻打赵国的借口；如果廉颇心胸狭窄，将相始终不和，国之重臣阋于墙，那结果就是将不能成为名将，相也不会成为名相，赵国也将不得安宁。所以，器量之于一个人的事业，犹如地基之于一幢大厦。

问题四：如何让文中有鲜活的“自我”

一、点缀感性，动之以情

【问题描述】

同学们在考场作文中写作时间短、任务重，为了确保分数不出大问题，往往采用简单保险的思维，那就是趋同思维；按照大部分人的想法构思行文，尤其是在议论文或者议论性强的文章中多是千篇一律的构思立意、语言表达。阅卷者往往看到的是千篇一律的内容、数年不变的素材、空洞无趣的文字。这样的作文我们同学自己写得没有兴致，阅卷者读来也没有亮点，只能给一个平庸的分数。你会满意吗？要突破50分的高分，首先自己就要有鲜活“自我”的表达意识，要有强烈的“优生”意识流露。

其实写作本身是一个愉快的表达过程，考场作文完全可以变成一场精彩的展示。每个同学有着不同的经历、想法，理应呈现不同的自我，从而显示出每个“鲜活”的自我。

【解决良方】

1. 巧妙采取叙说语句的腔调，或亲切或激昂

对于叙述类作文，语调宜亲切一些，叙述者做到真挚恳切，同时要求叙述者在叙说过程中让读者感到亲切（呼应前面章节的“对话意识”）。通常情况下，我们可以在叙说中多用一些修辞手法，增加形象性。

对于议论性作文，语调可以显得更有激情更激昂一点，尽量让文本语言显得更有情绪，呈现出个人的思考，让理性的文字有感性的外衣，更能达到效果。

2. 合理使用“引用”，以增强论点的形象性

“引用”本身就是最好的理论材料。写议论类作文，“引用”不可或缺，因为它本身就是论据；写叙述类作文，“引用”同样能够达到升华主旨的效果。

3. 适当变化不同的写作句式，以增强表现力

句式可以增加文采，但如何展现自我——打造属于自己的句式，根据自己的个性和特长，把自己行文的风格鲜活地呈现在阅卷者眼前？“句式灵活”是高考作文评分标准“语言有‘文采’”中的具体要求。句式不仅包括长短句，对偶、排比句，亦可当作一种特定的写作句式。

（1）妙用对偶、排比句，增强感染力，表现出自己“规范”“创新”的思维品质。

工整严格的对偶、排比句在考场作文中，固然是一种好的表达方式。但如果变化着句式用（妙用），则会在感性叙说的过程中，让语言出彩。

（2）长短句交错，增强表现力，表现出“多变”“灵活”的思维品质。

做到“文句有表现力”，考场作文的语言自然便会出彩了。长句、短句交错使用，是使作文达到“文句有表现力”境界的具体方法。

【案例分析】

片段一：

你说虞常谋反，兵变失败，牵连到你。单于派人召唤你接受审讯，但你不愿意背弃自己的国家，想要拔剑自刎，然而单于手下阻止了你，还三番五次劝你投降，但你宁死也要坚持自己的气节。我很钦佩你，你有着“宁为玉碎，不为瓦全”的民族大义，有着雄伟的胸襟和志向。这样的智慧与情怀，放眼望去，天下能有几人？

后来，单于将你囚禁在一个大地窖中，断绝供应，不给吃喝。我很担心，怕你会熬不过去，可事实证明，你比我想象的还要坚强。天下雪，你嚼着雪，同旃毛一起吞下去充饥。匈奴把你迁移到北海边没有人的地方，让你管理我们，你掘野鼠窝、收草实来吃，在这荒无人烟的地方，“杖汉节牧羊，卧起操持”十九年，全然将生死置之度外。我再次佩服：能在如此逆境中坚贞不屈地生存着，是何等的顽强！我虽为羊，可内心早已被你自强不息的精神所打动，世间真君子就该如你一般。

分析：同样是写“苏武牧羊”的事例，但是作者写得与众不同，是以一只羊的视角来看苏武，将苏武的精彩人生瞬间一一展现出来，通过对苏武“嚼雪吞旃”“杖汉节牧羊”等细节的描写，高度讴歌了其“宁为玉碎，不为瓦全”的民族大义，“受光于庭户见一堂，受光于天下照四方”的雄伟胸襟和志向。如此的选材与构思，再加上厚重的表达，自然能够给阅卷老师带来视觉和心理上的震撼。

片段二：

试想一下，如果你在一间装潢精致的房间看到一张破旧的书桌，你的第一感受是什么？或者在一家市井烟火气浓烈的苍蝇餐馆看到一盏镶嵌有钻石玛瑙的吊灯，你又会想到什么？

同样的感受可以追溯到18世纪的狄德罗，他因为朋友馈赠的华美睡袍与家里陈旧的格局格格不入而换掉了家里一整套的陈设。其实，这就是人心理上对不和谐事物搭配的主动排斥，心理学上称之为“狄德罗效应”。

——《从“狄德罗效应”谈起》

分析：本片段中将材料中的现象和生活中的现象联系起来，用类比的手法触动阅卷者的感知，调动生活体验，从而顺理成章得出自己的观点，反映出作者对材料的准确理解。

片段三：

我记得你过去的样子。那是蜿蜒万里的长城，它像是你的伤疤，是一个勇士最光荣的徽章，它诉说着你千百年走来时的坚强。孟姜女哭长城，那是你柔情似水的一面，夫妻情深，枝同连理，割不断是血脉，是亲情。烽火台上的烟，那是你刚强的一面，烽烟起、战鼓擂，你的儿女继承了你那永不屈服的性格与笔直的脊梁，战于那春风不入，百草不生之地。是你告诉我们，一个民族要想存续，就绝不能认输；是你教导我们，无论所对是荣是辱，中国人绝不能跪下。一次又一次破碎，一次又一次重建，像你的人民，倒下了又站起来；像你的国家，衰落又复兴。

——2017年高考语文湖北卷优秀作文《容貌》

分析：在这个段落里，“我”“你”“它”“我们”等叙述人称的变化，形成了一种娓娓动人的叙说腔调，让人觉得亲切温暖；“它像是你的伤疤，是一个勇士最光荣的徽章”是比喻，让人沉浸于深思；“一次又一次破碎，一次又一次重建”是重复，舒缓的节奏让人回味。整个段落的叙说腔调亲切婉转，有一种动人心魄的魅力。

片段四：

这里是一个正在生态化的国度。不能否认，高速的经济发展，为我们留下了许多困扰，无休止的空气污染如最痛心的顽疾滋生在无数土地上，这是所有人不愿提及而又不得不面对的大麻烦。当一座城市一年当中有一半时间都笼罩在中度乃至重度污染中时，它带给人们的已经远不止生活的不便，而是健康的威胁。但是，无边的雾霾也许能一时迷蒙人们的双眼，也许会一时刺伤人们的咽喉，可雪亮的双眼终会澈澄，沙哑的咽喉也终会发声。我们的心同样看得清晰，从政府的强力整治，到每个人有意识地节能减排，都表露着我们的决心。伦敦的天空也曾烟雾重重，东京的街头也曾污浊横流，我们相信祖国会齐心协力，这里终将成为生态化的家园。

——2017年高考语文湖北卷高分作文《遇见最美的中国》

分析：“不能否认”，语速急，营造的是紧张感；“当一座城市一年当中有一半时间都笼罩在中度乃至重度污染中时”，长长的状语限定，张扬的是激情；“但是，无边的雾霾也许能一时迷蒙人们的双眼”，忽然的转折，一个停顿，将激昂的情绪绷紧；“这里终将成为生态化的家园”，坚定的判断，语音上扬，掷地有声，在充满着无限的期许里，激动高昂。

片段五：

我知道你现在的样子。你踏着古老的丝绸之路起来，书写了一个国家的长度；你站在时代的横截面上，又拓展着你的宽度。“一带一路”向四周展开，那是你的宽广胸襟，那是你的宏伟臂膀。你告诉我们，一个民族不仅要学会拥抱自己，更应学会心怀天下。一个国家不仅有绵长历史，更要能够在当下迈出步伐。有着灿烂文化却不故步自封，有着先进技术却不断创新，有着快速发展的经济却不忘携手共进、合作共赢，你展现给世界以惯有的友善，还有不一样的“和平崛起”。

——2017年高考语文湖北卷优秀作文《容貌》

分析：“你踏着古老的丝绸之路起来，书写了一个国家的长度；你站在时代的横截面上，又拓展着你的宽度”是一个不太规范的对偶句；“古老”与“时代”拉近了时空，“长度”与“宽度”概括了全部，句子的字里行间所飘逸的舒缓的节奏，感动人心。“有着灿烂文化却不故步自封，有着先进技术却不断创新，有着快速发展的经济却不忘携手共进”是个不太工整的排比句，句子内容的层层推进，营造的情绪逐步高昂，能充分地感染读者。

片段六：

这还仅是小小一隅，梁实秋先生在其著作《雅舍谈吃》中谈其作为一个食客，回忆幼年的美味与中年时到各大酒楼品尝到的盛宴，无一不令读者的馋虫蠢蠢欲动。

老北京的豆汁儿、核桃酪、核桃腰、窝窝头，这些寻常百姓家所食之物彰显着生活的疾苦与“苦中作乐”品尝美味的安宁幸福。东兴楼的爆炒猪肚儿，全聚德的全鸭宴，玉华台的狮子头与灌汤……体现了食客以“吃”为乐的真性情。

——2017年高考语文湖北卷高分作文《千里莼羹，末下盐豉》

分析：“老北京的豆汁儿，核桃酪，核桃腰，窝窝头……”这里三字短语连用，像小小的珠子落在玉盘，清脆悦耳；“东兴楼的爆炒猪肚儿，全聚德的全鸭宴，玉华台的狮子头与灌汤”，这里九个字、七个字、十个字的长句连用，像大大的珠子落在玉盘，浑厚宏亮。这种长短句在一个段落里的交错使用，增强了语言的表现力，营造出了诗意境界，是感性叙说的最佳表现形式。

优秀例文：

为人当如水，淡泊有担当

——国旗下讲话发言稿

敬爱的老师们、亲爱的同学们：

大家早上好！我是高一年级的艾中华。非常荣幸能够作为学生代表在此作国旗下讲话。我讲话的题目是“为人当如水，淡泊有担当”。

作家王开岭曾言：“升旗，这是个精神仪式。与国旗一道升起的，还有我们的憧憬以及对这个国家未来的期许。”我赞赏“安贫乐道、富而好礼”的人，也为不愿担当、无心做事的人羞愧，更为无自知之明、盲目自信的人羞赧，我觉得我们的国家最需要的是如水一般的，淡泊而有担当的人。

同学们，为人当如水，和谁争都不屑，自有姹紫嫣红开遍。

英国诗人兰德曾言：“我和谁都不争，和谁争我都不屑。”为人当如水，不争名利。君可见，国士无双的钟南山告诫他人不要去武汉，自己却在第一时间乘坐高铁奔赴武汉。获得举国赞誉，他却淡然一句道：“我不过是一个看病的大夫。”君可见，有人想采访因《围城》而享誉全国的钱钟书，钱钟书却断然拒绝，只因他不想为名利困扰。他们，如深流静水，不争名、不夺利，默默做好自己的事情，自有姹紫嫣红开遍。

同学们，为人当如水，善利万物，自有天光云影共徘徊。

奥黛丽·赫本曾言：“当你逐渐长大，你会发现你有两只手，一只手用来帮助别人，一只手用来帮助自己。”为人当如水，主动助人，勇于担当。你看，韩红女士热心公益，成立韩红基金会，在国家遇到困难时，她捐款捐资直达救助地区。你看，邵逸夫先生虽然是商界大亨，但致力于教育事业，在内地多处援建教学楼，试问有几个学校没有逸夫楼呢？他们，虽有外在的商业光环，但赚钱盈利却不为满足口腹之欲，而是用自己的双手给他人以温暖。他们是娱乐圈不争不抢的典范，淡泊名利而勇于担当，自有天光云影共徘徊。

同学们，为人当如水，处人之所恶，自有进一寸的欢喜。

胡适曾言：“怕什么真理无穷，进一寸有进一寸的欢喜。”不管是科学研究还是人文探索都需要直面困难、百折不挠的精神。看见，屠呦呦青蒿一握、水二升，为攻克疟疾潜心研究几十载，获得诺贝尔奖却不独占功劳；感受，敦煌女儿樊锦诗笃志保护敦煌文化遗产，几十年的韶华均固守在黄沙漫漫的敦煌，却无怨无悔；触动，南开大学教授叶嘉莹“书生报国成何计，难忘诗骚李杜魂”，她经历家人的一一离去，孑然一身，却一直在致力于推广古诗词教育，让诗心萌芽吐蕊，矢志不渝。她们，均为柔婉若水的女子，在名利面前不争不抢，在人生的灾厄、环境的恶劣面前没有缴械投降，进一寸自有进一寸的欢喜。

同学们，约翰·多恩曾言：“没有人是一座孤岛，每个人都是陆地的一部分，连接着整个大陆。”你与我，均是社会家国的一员，愿你我为人如水，善利万物，不争名利，即使面临“穿林打叶声”，自可“吟啸且徐行”，成国之栋梁。

我的讲话到此结束，谢谢大家！

请细数一下，全文明引或暗引之处多达11处。在本文中，写作者从立意中即开始以“水”比喻做人的品质，在中间行文中，三个层次的分论点后分别引入诗句或者名句，形象生动地表达出论点的内涵，其余多处引用古典诗句或当代名言，起到感染读者、动之以情的效果。

【拓展演练】

1. 参照下面文段，续写一个段落

劳动如针，翻飞间编织锦绣人生。“田家少闲月，五月人倍忙。夜来南风起，小麦覆陇黄”，辛勤劳动换来的丰收果实让人欣喜；“种豆南山下，草盛豆苗稀。晨兴理荒秽，带月荷锄归”，自食其力、劳动辛苦，却怡然自得。行走在人生之路上时，我们一边收集着五彩丝线，一边落下劳动之针。针线飞舞伴血泪，于是这白布之上便开出了花团锦簇，舞出了翩翩游龙，跃出了百凤朝凰。劳动创造财富，编织锦绣人生，劳动者何其幸福！

——《劳动之美，你我共享》

____

____

____

____

2. 结合前后语境，补写中间部分

别林斯基曾言："真正的朋友不把友谊挂在口头上，他们并不为了友谊而相互要求一点什么，而是彼此为对方做一切办得到的事。"是的，挚友如异体同心。曾经，"钟子期死，伯牙终身不复鼓琴"的知音之交，把钟子期伯牙的朋友之谊渲染得哀婉绵长；

____

____

____

____

他们都把朋友做到了化境，知音之交重"音"，刎颈之交重"容"，生死之交重"义"，可他们都未能超越管鲍之交的重"心"，管鲍是那种把朋友做到臻境的"知人"！

二、强调理性，晓之以理

【问题描述】

有的考场作文语言平淡无味，思想幼稚，可有可无的表述太多。面对现在高考作文要求的"体现你的思考和认识"，有的同学手足无措。常见的考场议论文是，列出几个不痛不痒的分论点、举出几个平淡无奇的人物事例，认为这就是议论，实则并没有个人的理性思考。这个时候，自己理性思维的表达，显得尤为重要，成为突破50分作文的关键。

所谓理性思维，大体上可以这样理解：崇尚真知，能够理解和掌握基本的科学原理和方法；尊重事实和证据，有实证意识和严谨的求知态度；逻辑清晰，能够用科学的思维方式认识事物、解决问题、规范行为。（摘自《中

国学生发展核心素养》）

具体来说，崇尚真知、逻辑清晰、尊重事实和证据正是我们在作文中特别需要注意的方面。这要求我们要把无序的材料化为有序。在写作中，理性思维不仅可以让我们把无序的材料化为有序，使文章首尾贯通，结构完整有序，还能够让人在面对材料时有确立独立观点的自觉和能力，从而在纷纭的题意中选取角度最佳而又深刻的立意。只有具备了理智的分析能力，才能由表及里，由浅入深，层层深入地分析，才能在复杂的感性生活面前拿出属于自己的而不是重复流行的或权威的见解。

回顾我们学过的经典说理文章，孟子的《寡人之于国也》、荀子的《劝学》善用比喻，贾谊的《过秦论》善用历史材料，请你试着找到自己擅长的说理方式。

【解决良方】

1. 分析概念

考场作文理性思维的强化可以从概念分析入手，确定一篇议论文的核心概念是保证文章说服力和思维流畅性的关键。概念具有两个基本逻辑特征，即内涵和外延。概念分析就是要分析概念的内涵和外延，揭示概念的内涵通常采用下定义的方法，揭示概念的外延通常采用分类的方法。同学们在分析概念时实际上就是融入了自我的理性思考，让阅卷老师看到了你的存在。

在2015年天津卷的高考作文《“范儿”的正反面》里，作者在开头引用事例之后分析：“这个维修工很有‘范儿’。什么叫‘范儿’，我将其命名为‘自尊范儿’。”作者明确了自己对“范儿”这一概念的理解和界定，通过下定义的方式给出了自己理解的“范儿”的概念，从而确定了自己文章的中心观点，后文的展开也就行云流水、水到渠成。另一篇叫《说“范儿”》的文章里，开头是这样的，“‘范儿’是一个人特有的气质和风度。具体一点说，‘范儿’其实就是一个人内在涵养或修养的外化，也可以说是一个人的心理素质和品德修养在仪表、神态、言谈、举止等方面的表现”。这里，作者也运用了下定义的概念分析方法，明确了“范儿”的概念，起到了纲举目张的作用。

2. 比较分析

比较分析法是把一事物与其他有联系的事物做比较，找出双方的相同点和不同点，分出优劣、正误等，对事物做出自己的评价和判断。在2015年安徽卷的高考优秀作文《说“善假于物”》中，作者在第一自然段中提出的观点是“善假于物，无疑是走向成功的秘诀”。我们来看看作者写的第四段：“‘夫运筹帷幄之中，决胜千里之外，吾不如子房；镇国家，抚百姓，给饷馈，不绝粮道，吾不如萧何；连百万之众，战必胜，攻必取，吾不如韩信。三者皆人杰，吾能用之，此吾所以取天下者也。’刘邦善于借助外力，成就了刘汉王朝；项羽痴想‘一人之力定天下’，最终却落得‘霸王别姬，乌江自刎’的悲剧。”在这个段落中，作者通过刘邦和项羽的对比，鲜明地论证出了“善假于物，无疑是走向成功的秘诀”的观点。

比较分析法是一种辩证思维的体现，也是行文过程中通过两个相对或相反的事物或同一事物的两个方面放在一起进行比较的方法。比较分析法可以突出好坏、善恶、美丑的对立，给人非常鲜明的印象和极其强烈的感受，从而更好地突出作者的观点，起到无可辩驳的说服效果。

3. 例后分析

同学们通过列举事例来证明论点，列举事例时需要引述真实可信的事实材料，并且对事实材料进行分析评价，从而体现自己思想的深刻。这样的分析可以追问事例与论点的关系，从因果、对比、假设、逆向思维等多方面展开，追问事例背后的原因和意义，从而达到真正的举例论证的效果，而不是只简单罗列。比如，下面的段落。

共享单车的横空出世正是物联网正式走进大众生活的时代标志。通过智能手机中的应用扫描单车身上的二维码即可解锁，开始骑行。这一极具便利性和灵活性的创新出行方式得益于先进的科技。而研发者坦言，从设想的萌生到梦想的实现总共不到十个月的时间。可见，中国年轻一代的创新能力和科学实力的交融已经到了十分高效的水平，我们早已走出王开岭口中那个“用强大的智商、逻辑和麻木，将现实给无理地合理化”的悲剧。创新成为了开拓者的血液，科技成为了开拓者的利器。创新科技产物引领了资源共享化的新潮流同时也激活了大众绿色出行的环保意识。正所谓仓廪实而精神富，物质水平的提高带动了大众生活观念对于生活质量和环境质量的侧重，绿色出行的可持续发展理念在大众中的普遍认可助推了创新科技产物—共享单车的成功。

——2017年高考语文广东卷优秀作文《创新科技点亮美丽中国》

分析：在这个段落中，“得益于先进的科技”是具体分析共享单车取得成功的技术原因；“引领了资源共享化的新潮流，同时也激活了大众绿色出行的环保意识”则是评价共享单车的社会价值与意义，说理又深了一层；而“绿色出行的可持续发展理念在大众中的普遍认可助推了创新科技产物”看似回到了议论的原点（技术原因），但其概念由“共享单车”到“科技产物”，由个别到一般，议论由此便具备了哲理的意味，视野更开阔，思想更深刻。

【案例分析】

例1：

以2015年的新课标二卷作文为例，我们来说说如何写出自己对这一概念独特的理解的阐释法的运用。在一篇优秀作文《做一个创新有风采的人》里，作者这样阐释“创新的人”：“凡能创新的人，一定会为自己的工作开辟一条新的路线。”

分析：在这里，作者并没有从科学定义上界定创新的概念，而是巧妙地从创新所应具备的一个突出特点入手来引出这篇议论文的中心论点，为后文的展开和相关事例的选择做出了极好的铺垫。

另一篇《爱岗敬业，生活自然厚爱你》中，作者开头是这样写的：“毕淑敏曾说：‘优等的心，不必华丽，但必须坚固。’我说，优等的人物，不必高端，但必须爱岗敬业、务实求真。”

分析：这里的作者没有固执地非要给引言里的“优等”一个确切的概念，而是围绕“优等人物的具体品质”来引出文章的观点，可以说是深得阐释法之妙，体现了作者比较扎实的逻辑思维能力。

在2015年天津卷的高考优秀作文中，一篇叫“‘范儿’的正能量标签”的作文中，作者是这样运用类比方法界定核心概念的：“什么是‘范儿’？有人认为，‘范儿’是手持苹果肩挎LV包，有人认为‘范儿’是住高楼开豪车，有人认为‘范儿’就是有个好爸爸……在我看来，这些都不是‘范儿’，真正的‘范儿’应该是崇高的，彰显正能量的，代表真善美的，决定它的不是外貌、财富、权势、地位，而是灵魂的高度。这不禁让我想到了几位古圣今贤的崇高风范。”

分析：作者在这里通过他人对“范儿”的不同理解，以类比的方式引出了自己的中心论点，这是议论文写作中概念分析的一种常用方法，也是学生理性思维培育的良好途径，更是一篇议论文开头的绝佳模板。

例2：

唯际遇与使命不可负

——致未来的你

江西一考生

① 在这伟大的新时代，我想，该向你倾吐一点什么呢？

（①句呼应材料中的写作导语“留待2035年开启，给那时18岁的一代人阅读”和副标题“致未来的你”；明确阅读对象，语气亲切自然。）

② 我们的祖先浴血奋战，我们的前辈艰苦奋斗，让我们迎来了全新的中国、全新的今天；③而我们所面临的，是祖国即将全面建成小康社会。在你们迈进18岁、开启“时光瓶”的那个时刻，我们的国家将基本实现社会主义现代化——④于我而言，新时代带来的际遇与使命是种不可辜负的美好！

（该段显示出了作者不凡的理解能力和概括能力——②句写中国的历史和现状，暗扣材料省略号之前的内容；③句写中国的未来，呼应材料省略号之后的内容。而④句，则是巧妙利用材料中导写语中的“际遇”和“使命”两个关键词，对前两句的内容进行概括和总结，提出文章的中心论点，也呼应了文章的标题。该段对考题材料的呼应，可谓删繁就简，对全文有提纲挈领之作用。）

⑤ 际遇是时代赋予个体实现生命价值的一大条件，它为我们实现人生价值提供了契机。⑥和平稳定的生活环境是我成长的必要土壤，让宇宙飞船跃上太空的高科技丰富了我的知识，互联网的普及拓展了我的视野，小康社会的即将建成成为我对美好生活的期许……⑦这些际遇，让我认识到世界的多姿多彩，为我原本单调的人生增添了亮丽的色彩，更是助推我人生于百尺竿头更进步的力量。

（该段的中心话题是“际遇”。⑥句紧扣材料，概述作者的人生“际遇”；⑤⑦句说明“际遇”对自己人生的意义——作者的高明之处在于，把材料中的内容化为自己的经历和感悟，采用较为客观而理性的语言来谈论祖国所取得的成就，和多数考生所使用的充满抒情甚至煽情性的语言相比，无疑更让人眼睛一亮。）

⑧际遇是时代赋予我们的美好，是啊，新时代的中国带给我们太多的际遇。⑨然而，我们更应该看到新时代的挑战——几年前，上海广播电视台推

出纪录片《中国面临的挑战》，里面提出的一些问题依然适合今天的中国："会制造的中国人，你会创造吗？""中国能实现和谐吗？""中国能变得更美丽吗？""中国，你富强了吗？"——⑩这一系列的挑战，让我们认识到了我们的祖国建设仍任重而道远，让我们明白：于我于你而言，使命是不可以辜负的东西。

（该段为过渡段。⑧句承接上文"际遇"的内容；而从"际遇"到"使命"，中间必须有个过渡，否则内容就有突兀之感。于是，在⑨句，作者又从考题材料导语中选择了"挑战"这一关键词，并选用了纪录片《中国面临的挑战》提出的、今天的中国依然面临的几个引人深思、发人深省的问题，来诠释"挑战"的具体内容；这样，之后的⑩句便可以自然过渡到下文将要讲述的"使命"话题。把"挑战"当作文章由"际遇"通向"使命"的桥梁，使过渡更具逻辑性。）

⑪我们应该明白，创新是民族进步的灵魂，是一个国家兴旺发达的不竭动力，我们要生存，我们要发展，唯有创新。创新，是新时代中国青年必须面对的重要使命。⑫我们应该明白，要建成小康社会，实现和谐、美丽中国的梦想，必须要靠一代又一代人不懈努力，我们责无旁贷，须勇于担当。⑬我们应该明白实现社会主义现代化强国是时代的要求，也是每个中华儿女的夙愿，让中华民族实现伟大复兴，应是我们这个时代每个青年人义不容辞的责任。

［新时代青年的"使命"是什么？作者用一组排比句作了诠释："创新"（⑪句）；"建成小康社会，实现和谐、美丽中国的梦想"（⑫句）；"实现社会主义现代化强国……让中华民族实现伟大复兴"（⑬句）］

至此，文章的逻辑思路已大体清晰——虽然我们有着美好的"际遇"，但中国还面临许多"挑战"，因此我们应担负起新时代赋予我们的重要"使命"。如果文章就此收尾，也未尝不可，因为作者要表达的意思已基本到位；但作者并不满足于此，写下了锦上添花的最后一段。

⑭米兰·昆德拉说过，"永远不要认为我们可以逃避，我们的每一步都决定着最后的结局，我们的脚步正在走向我们选择的终点"。是啊，我们与新时代的中国一路同行、一起成长；祖国腾飞，需你我一道助力。⑮2035年的你，在读到这封信时，请一定记住：在新时代的征程中，唯际遇与使命不可负。

（为说明青年人的担当对一个国家的重要性，作者在⑭句中恰当地引用了米兰·昆德拉的名言，暗扣“际遇”和“使命”的论点，丰富了文章的内容，增强了文章的说服力。⑮句再次呼应前文的阅读对象和中心论点，使得文章首尾圆合，结构浑然一体。）

一般来说，考场作文考查的主要是考生的理解能力、思考能力和表达能力。理解能力决定考生读材料是否“读得懂”“读得准”，思考能力决定考生看问题是否“看得深”“看得透”，表达能力决定考生写文章能否“写得出”“写得好”。在理解能力方面本文作者对材料的把握、对命题意图的揣摩可谓精准到位，审题、立意都做到了易中取难、难中取巧。在表达能力方面，修辞和句式的合理使用、情理交融使得文章具备较强的可读性，使阅卷者感受到写作者的语言功底。

当然，笔者最看好的还是文章写作者不凡的理性思维能力，这主要表现在两个方面：一是，能“透过现象深入本质”。写作者不仅看到了材料中的国家发展成就，更看到了面临的“挑战”和“使命”，由此可见，写作者已经具备对事物的现象进行概括的能力，并在思考上可以由此及彼、由表及里，达到对事物有理性思考的思维水平；二是，能“揭示事物的内在关系”。写作者对“际遇”“挑战”和“使命”这样一组既对立又统一、既相辅相成又相反相成的关系的成功处理，表明写作者已具备了一定的把握事物之间内在的本质的联系的能力。

【拓展演练】

请运用所学，为下面的作文拟写立意，力求有理性思考高度。

阅读下面的材料，根据要求写作。（60分）

随着中国国力的强盛，近几年社会各界要求追索从晚清到民国期间，中国因列强侵略而流落异国的国宝文物，认为这是体现民族尊严和大国威望的行为。也有人认为与其通过国家或者民间途径花重金赎回流落异国的国宝文物，不如让文物安静地躺在他国博物馆中，这也是体现中国灿烂文化的方式，不必在乎是否回归祖国。

对此，你是怎样的态度？请结合材料内容，表明自己明确的态度立场，面向本校（统称“中华中学”）同学写一篇辩论稿，体现你的认识与思考，并提出希望与建议。

要求：自拟标题，自选角度，确定立意；不要套作，不得抄袭；不得泄

露个人信息；不少于800字。

【参考示例】

（一）点缀感性，动之以情

（1）劳动如笔，挥洒间落下盛世图景。“白发老农如鹤立，麦场高处望云开。”劳动与创造之美，美得惊世骇俗！栋栋高楼后绘制图纸的身影，城市道路上默默清扫的背影，讲台黑板前诲人不倦的身姿，他们日复一日，辛勤劳动，只为都市繁华长久。若无这世间众人辛勤的劳动，又怎会有这国泰民安、河清海晏的盛世图景？！

（2）曾经，“先国家之急而后私仇”的刎颈之交，把廉颇蔺相如的文武之情点缀得淋漓尽致；曾经，“兄弟如手足”的生死之交，把刘关张的桃园大义铺展得荡气回肠。

（二）强调理性，晓之以理

提示：

阅读材料，如果你同意追索，那么材料中的“列强侵略流落异国”“国宝”“民族尊严和大国威望”等词一定会触动你的内心，能引发关于历史反思、文物归属、文化保护与传承、家国认同、民族复兴、时代责任担当等思考；如果你不同意追索，那么“花重金赎回”的不足之处，文化无国界、如何让中国文物更好体现“中国灿烂文化”，如何利用文物宣传文化，如何真正体现民族尊严与大国威望等也会引发你的深思。

围绕同意追索的观点，可以思考：为什么同意？你的理由是什么？建议用什么方式追索？其意义与价值何在？围绕不同意“花重金赎回”追索的观点，可以思考：你的理由是什么？你认为最正确的方式是什么？为什么采取这样的方式？有什么价值与意义？

可以从历史、时代，政治、经济、文化，国家、个人等角度展开分析。

立意参考：

（1）同意追索：①从本身性质看，这批文物是承载着我国悠久历史与灿烂文化的具有历史、艺术、科学价值的遗留物质，它们应该属于中国。②从历史原因看，文物为列强所掠，追索即为洗刷民族耻辱。这是正义之举，被列强掠夺的文物必须回到祖国的怀抱。③从时代发展看，目前的中国有能力保护并维护文物，让“国宝”回归正是祖国强大的体现。④反驳对方观点，让文物“流浪”外国是不当之举，“国宝”不应该脱离它的故乡。身处异邦，它只是被观赏的对象，只有在祖国，它才更有尊严与价值，才能真正体现“国宝”的价值。⑤追索方式：反对赎买的方式，要用法律、外交等更加体面、有尊严的方式迎接文物回归。

（2）不同意追索：①国家尊严与大国威望不一定要通过赎买“国宝”的方式体现。②反对资金赎买，国外利用国人的心理一次次拍出天价，这是对国人的二次掠夺，二次伤害。要让国宝回归。③文化既是中国的，也是世界的。处在海外的文物，基本都得到了重视与保护，并且也能传播悠久灿烂的中华文化。

问题五：如何拉近与阅卷者的距离

一、注意卷面，提升“颜值”

【问题描述】

同学们，经过前期议论文的学习和调整，在写作能力上你一定有了比较大的提升，不过由于“颜值即正义”，你的卷面对你作文突破50分意义重大。

关于高考作文阅卷，大家应该听说过很多关于阅卷速度的传说，确切来说，高考作文阅卷的确设置了阅卷时间，不得低于40秒，但是阅卷任务的巨大压力，让很多阅卷老师仍然可能在更短时间阅完一篇800字以上的作文，那么同学，请你自己试试你在40秒内能够看完多少内容。潦草、不规范的卷面会让你产生何种感受呢？请看看图3–1到图3–3，计算一下阅卷老师的心理阴影面积，预估一下因为卷面而被扣除、压低的分数。

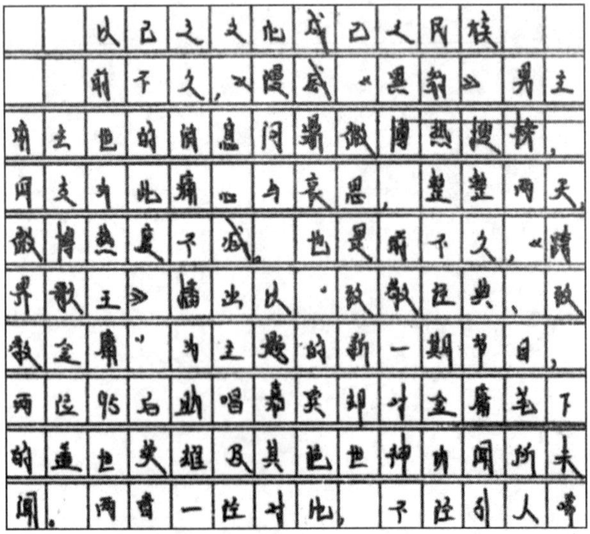

图3–1

英雄，是有……的。现如今，在日本的靖国神社中，还供奉着所谓的日本人的英雄，……在中国的土地上……实施恶行的人，……广大的中国人民都深恶痛绝的人，却是日本人的英雄，……这认知上巨大差异的鸿沟，实在令人感到痛心疾首。何谓正义，这还真是不知如何评判，但是……一个英雄，却……是一定要有自己的主

图3–2

夏日之阳

“少年强则国强。”此为百年来之至论，亦必为诸位所稔知。国家之强，可见于庚子百二十年之振兴，可见于建国七十年之丰盛；青年之光，则可见于《后浪》。无长辈筚路蓝缕之草创，无先驱与子同袍之奋发，则难有今日青年之叱咤悠游。青年如春日之阳，明而未融；长辈如夏日之阳，正当其时。

夏日之阳，必敛采而后发。相较于“后浪”，“前浪”在长期的磨砺中积累了更多的基础；与“后浪”不同，“前浪”的基础大多更加牢固，并且能转化为绝对效益；

图3–3

【解决良方】

工具：0.5mm或0.7mm的签字笔。

习惯：尽量写楷书，不写连笔；一横一竖、一撇一捺做到规范、端正、整洁；需要写一大段文字的时候，一定稍微注意排版；字最好占到空格的三分之二，重视间架结构；速度不要太快，写字的速度跟完成整张试卷的速度关系不是很大，答题速度更主要取决于你对表达内容的熟练程度。

练习：没事的时候就照着自己喜欢的字体模仿，每天坚持五到十分钟，利用作文格子纸练习；有意识地选择固定的文段反复写，对比着每天的改变，争取每天可以看到自己的变化。

请相信你的坚持一定可以换来变化！

【案例分析】

以图3–1到图3–3为例。

图3–1：该同学的“捺”这一笔画明显不规范，向右下角笔画拖得太长。

图3–2：该同学涂抹太多，如果写了错别字，建议以横线或者斜线轻轻一笔划过，在后面写出正确的字即可。

图3–3：该同学字体略显瘦长，横线不平竖线不直，笔画之间显得拥挤，且标点符号均不规范。

【拓展演练】

示范字体（图3–4到图3–6）：

念奴娇·赤壁怀古

苏轼

大江东去，浪淘尽，千古风流人物。故垒西边，人道是，三国周郎赤壁。乱石穿空，惊涛拍岸，卷起千堆雪。江山如画，一时多少豪杰。

遥想公瑾当年，小乔初嫁了，雄姿英发。羽扇纶巾，谈笑间，樯橹灰飞烟灭。故国神游，多情应笑我，早生华发。人生如梦，一尊还酹江月。

图3–4

念奴娇·赤壁怀古

大江东去浪淘尽千古风流人物故
垒西边人道是三国周郎赤壁乱石穿空
惊涛拍岸卷起千堆雪江山如画一时多
少豪杰

遥想公瑾当年小乔初嫁了雄姿英
发羽扇纶巾谈笑间樯橹灰飞烟灭故国
神游多情应笑我早生华发人生如梦一
尊还酹江月

图3–5

大江东去，浪淘尽，千古风流人
物。故垒西边，人道是，三国周郎赤
壁。乱石穿空，惊涛拍岸，卷起千堆
雪。江山如画，一时多少豪杰。

遥想公瑾当年，小乔初嫁了，雄
姿英发。羽扇纶巾，谈笑间，樯橹灰
飞烟灭。故国神游，多情应笑我，早
生华发。人生如梦，一尊还酹江月。

图3–6

请对比模仿、静心练字吧！

二、明确身份，设置对话

【问题描述】

在考场作文中，大家经常忽略考场作文最重要的读者——阅卷者。作为答题人，我们的身份在阅卷者心目中已经有一些固定的印象，那就是应考的考生。那么具体我们的水平是怎样，除了我们卷面表达出的“外在颜值”之外，就是作文的内容指向、语言表达等。阅卷者希望答题人是三观健康、表达优美、思想深刻的当代青年，而考生往往不顾及“读者”的身份特点，经常自说自话，造成阅卷者对作文的错误判断，从而导致得分不高。阅卷者也希望考生是热爱语文、尊重传统、弘扬文化的语文优生，那我们在行文中就应该更凸显自己的“优秀”之处。

目前的高考作文要求中往往有“情境限制”，有时候其中对答题人的身份、写作对象有着比较明确的要求，脱离这些要求，写出的议论文就会出现一些硬伤。

例如：

请从下列任务中任选一个，以青年学生当事人的身份完成写作。

任务一：1950年10月19日，在志愿军出征仪式上发表“谁是最可爱的人”的演讲稿。

选择任务一，明显涉及答题人“青年学生当事人”、写作对象“志愿军出征官兵”、写作时间有回溯，如果罔顾身份，就容易写成领导讲话之类的内容，得分可想而知。

【解决良方】

（1）要有对话感、在场感，写一篇作文主要是陈述个人观点、表达个人情感，我们完全可以设想成一次“面试”，我们面对的就是我们“熟悉”的老师，他需要了解你积极健康、丰富独立的内心世界和流畅的语言表达，我们应该随时用这种“对话场景”提醒自己注意行文表述，才不会信马由缰、天马行空。

（2）要在行文中加入“呼吁”，对于身份类的词语，我们不妨多加强，如多次出现呼告字眼的词语“我们当代青年”“我们今天的学子”“在场的诸位”“请大家想想自己身边”。尤其是在行文结束时，多使用结合现实情况的呼吁、倡导，起到一定的感染作用，从而达到更好的表达效果。

此类词语还应该不断穿插在行文中——“我知道”“我明白”“我深深体悟到”“我想”。

请你再补充一下，还有哪些词语可起到“提醒”作用。

（3）要在行文中考虑青年的特点，表达符合身份特点的内容，同时顾及主流价值观倾向，不偏激、不片面，做到积极向上、理性昂扬的情绪流露。

【案例分析】

以2020年高考全国一卷优秀作文片段为例。

例1：

鲁迅也说："人生得一知己足矣，斯世当以同怀视之。""名声、荣誉、快乐、财富这些东西，如果同友情相比，它们都是尘土。"达尔文这样说。管鲍之交让我明白，朋友的臻境就是为他人着想的大度，是设身处地相知的包容，是甘居人下的气度！

亲爱的同学们，现代的生活每时每刻都离不开朋友和友情，我们也常常把"闺蜜"和"死党"挂在嘴边，可是，"闺蜜"的情义又常常被糟蹋成"防火防盗防闺蜜"，"死党"的情谊也被蹂躏成"知人知面不知心"，我们对鲍叔的"知人"懂得太少，抑或是现代的物欲玷污了朋友的纯粹！

同学们，作为一代青年，我们也会不断成长，未来的天地必定属于你我，当我们从懵懂少年走上未来的领导岗位时，我们要向齐桓公那样，睁大一双识人的慧眼，识才、用才、重才。解放战争时期，大量的国民党军官弃暗投明，中国共产党人以博大的胸怀识人、用人，那么以后，为了祖国的强盛，哪怕曾经是立场不同的"人才"，只要他们幡然醒悟，我们仍然要不计前嫌，人尽其才；哪怕曾经是在国际上反对中国的国际人士，只要他们现在热爱中国，支持中国建设，我们仍然要给他们成功的环境……我们也一定能够像齐桓公那样，让我们的祖国立于世界强国之林！

分析：在此片段中，为了充分体现和完成"请结合你的感受和思考写一篇发言稿"这个情境任务，写作者不断地强化"自我"这个身份，充分考虑到自我意识和对话场合，大量结合现实语言体系中的热点词汇和热点现象，时刻抓住听者的心，很符合发言稿富有感染力的特点。

例2：

亲爱的同学们：

大家好！

今天是班级读书会交流的日子，在此之前，我查阅了大量的资料，（完成"计划"任务）对这个典故中的人物以及事件的来龙去脉有了更深的了解，我既钦佩于齐桓公不计前嫌、选贤任能的气度，又赞叹管仲忠心耿耿、才能出众的卓越能力，但是我感受最深的，是被誉为"管鲍之交"的管仲与鲍叔牙的友情，尤其是被司马迁高度评价的鲍叔牙："天下不多（称赞）管

仲之贤而多鲍叔能知人也。”（完成“齐桓公、管仲和鲍叔三人，你对哪个感触最深”的任务，要通过对比选出）

诚哉斯言！所以今天我发言的题目是“把朋友做到臻境”。

管鲍之交让我明白，朋友的臻境就是为他人着想的大度，是设身处地相知的包容，是甘居人下的气度！常常是在万籁俱寂、风清月朗的夜晚，窗帘儿轻轻被风掠起，朋友的谈吐举止，尤其是那悠悠深邃的眸子荡着涟漪，或脉脉含情，或活泼愉快，随着潮汐般的月光一起倾泻进来。愿你我的朋友如管鲍之交一般做到臻境！

分析：在此片段中，写作者既注意到发言情境的写作，善于抓住材料中细微的写作提示，依次呈现在文章中，也注意到发言过程中情境的写作，抓住可以形象展示的场景，加以感性描述，很容易产生代入感，拉近阅卷者与作者的距离。

【拓展演练】

请结合前面强调的身份意识和对话意识，为下面的作文题拟写一个开篇。

阅读下面的材料，根据要求写作。（60分）

1950年10月，中国人民志愿军跨过鸭绿江，同朝鲜人民和军队一道，历经两年零九个月的浴血奋战，赢得了抗美援朝战争的伟大胜利。

2020年10月23日，在纪念中国人民志愿军抗美援朝出国作战70周年大会上，国家领导人对抗美援朝精神作出全面精辟的总结，对抗美援朝精神的时代价值进行了深刻系统地论述：“伟大抗美援朝精神跨越时空、历久弥新，必须永续传承、世代发扬。”

请从下列任务中任选一个，以青年学生当事人的身份完成写作。

（1）1950年10月19日，在志愿军出征仪式上发表“谁是最可爱的人”的演讲。

（2）2020年10月25日，写给某位“志愿军老战士”的重阳节慰问信。

任务一开篇：

____

____

____

____

任务二开篇：

____

____

____

____

【参考示例】

1. 任务一开篇

例1：

尊敬的战士们：

大家好！我是一名青年学生，若有人问我：“谁是最可爱的人？”以前我可能回答：“医生，老师。”但如今，战火即将烧到家乡，你们扛枪而上，大好河山，寸土不让！今天，你们，亲爱的志愿军战士们，你们就是最可爱的人！

你们是最可爱的人，你们有着钢铁般的意志，来自天南海北、四面八方，你们即将跨过鸭绿江，寒冷的朔风吹过你们的脸庞，刺骨的冰霜钻进你们单薄的衣裳，你们却宛若泰山岿然不动。在出征前的最后一刻，我看到你们脸上镌刻着信仰与顽强，上午还在训练场上挥洒汗水，如今已经收拾好行囊奔赴异国他乡，你们做好了万全的准备，时刻准备与敌人殊死搏斗，大不了你死我亡。钢铁般的意志铸就了钢铁般的信仰，在硝烟弥漫的战场，你们将焕发铁血荣光。

例2：

亲爱的人民志愿军同志们：

大家好！我，作为一名青年学生，在今日的出征仪式上，向各位致以最真挚的祝福与感谢！你们辛苦了！你们最可爱！

金秋十月，稻田飘香，层林尽染，枫叶悠扬；建国期年，民生安康。三十年岁，筑革命之胜利，十四抗战，振中华之荣光，四九建国，挺民族之脊梁。大江南北，平原山河，全国上下的百姓都沉浸在中华人民共和国成立的喜悦之中，各族同胞都投身于祖国的建设中，如此盛世，何其美好。

然今东北有变，朝鲜告急，帝国主义嚣张的爪牙业已伸至鸭绿江畔，你们志愿军战士放下手中还未握热的农具，合上手中还未读熟的书本，离开复员后还未寒暄几句的父老，重新穿上军装，戴好肩章，拾起武器，汇集此

地，开往战场，在这里开启新的征途。

2. 任务二开篇

例1：

敬爱的周全弟爷爷：

展信佳！重阳佳节至，身为一名青年学生，我想向您表达深挚的敬意。

回望来路，70年前的那场抗美援朝战争改变了许多人，您身为志愿军战士的一员，随部队埋伏在长津湖。战士们在极寒的环境中，三天三夜都保持着射击的姿势，一动不动，“冷得冻骨头”，四肢完全冻僵，冲锋号响起，却无力爬动。随后您失去了四肢，年仅16岁就遭受了这样可怕的打击，您也曾绝望过，但最终振作起来，并完成了“生活自理”“要学文化”等目标，见您再次穿上军装，佩戴勋章，向祖国敬礼报到的那一刻，我肃然起敬。

在此我想说，抗美援朝英雄忠魂永不灭，英雄浩气永长存，抗美援朝精神值得我们这些后来人继承与发扬。

例2：

尊敬的志愿军老战士：

展信见安！非常荣幸能够提笔致信，借由这些字句来表达我对您重阳节最真诚的问候，以及对您舍身为国，参与抗美援朝战争最崇高的敬意！

回首前途，1950年的10月，您跟随中国人民志愿军跨过鸭绿江，同朝鲜人民和军队一起投身抗美援朝的战斗当中。这场残酷的战争历经了整整的两年九个月，其间，磨难与困境自是数不胜数、难以言状，而您与中国人民志愿军一起，不畏艰难险阻、浴血奋战，赢得的不仅仅是战争的伟大胜利，其中中华民族的英雄气节、抗美援朝的精神，更值得我们永续传承，世代发扬。

问题六：如何把平时创作的优秀范文迅速转化为考场佳作

一、移花接木，直接转化

【问题描述】

同学们，你们一定有这样的感受，在紧张的考试氛围中，想在较短时间内选择并组织材料写出一篇高质量作文是很难的，这需要较强的临场发挥能力和扎实的作文功底，那么，除此之外还有没有别的方法呢？

【解决良方】

其实我们可以把平时的习作转化为考场作文，这也是可以快速写出高分作文的好方法。我们可以用移花接木法，直接转化。

移花接木法，就是把平时的习作或使用的素材根据考场作文的主题或要求在文章的结构上或者表达的主题上等方面稍加变换的方法。这种方法需要同学们从不同角度来挖掘材料，然后根据主题进行合理转化。

当然积累的作文在转化为考场作文后，内在逻辑要符合考场作文的文题，这是转化的前提，一定不能盲目转化，生拉硬扯，让作文偏题、离题。

【案例分析】

（1）有位考生在平时作文《光与影的思考》中这样写道：

“他出生，他画画，他死去。”波德莱尔这样评价你——梵高。回望一生，你似乎都是以一个失败者的身份活在那个与你格格不入的世间，不被承认，不被表扬，你的人生似乎因此陷入阴影。然而一意孤行的你怎忍得这不被重视的寂寞？于是，我们就看到了阿尔的天空下怒放的向日葵，那便是你吧！……

在写考场作文《总有一种期待》时，他也引用了这句评价：

法国浪漫主义诗人波德莱尔对梵高只有几个字的评价：“他出生，他画画，他死去。”是怎样的一种期待，让这个穷苦的艺术学徒执迷于画室中。

为了《星夜》，为了《向日葵》，哪怕还要为一顿饭而苦恼，哪怕还要为一支画笔而发愁，他仍旧沉醉于画室中，期待着用笔勾勒出心中的色彩，用心填补一片片空白……

分析：从这两段文字来看，在《光与影的思考》中，作者用“他出生，他画画，他死去。”是想表达梵高不被人理解的寂寞。在《总有一种期待》中，作者移借此句，是因为他从这一句中读出了“梵高的一生是画画的一生以及梵高的执着精神”，为了扣题目，作者转化说“是怎样的一种期待，让这个穷苦的艺术学徒执迷于画室中”。

（2）一位考生在平时的习作《自由不是随心所欲》中这样写道：

河水不甘于被河岸所束缚，想要挣脱所谓的桎梏，获得心中的自由。然而，事与愿违，当冲垮河堤时，它在真正的自由面前，被蒸发得一干二净。河水追寻自由并没错，但它不知道，自由不是随心所欲。因此，我认为，自由的限度是在法规框架内。人生恰似河水，总是有“堤坝”约束：法律的约束使你不能随心所欲，道德的约束使你不能有悖伦理，规则的约束使你不能自由散漫。或有人抱怨，太多的枷锁使得自己被限制在了狭小的空间，恰似被河岸禁锢住的河水，如笼中困兽，想要追寻心中的自由，简直是比登天还难。其实，世界上没有绝对的自由，只有相对的自由，它的“堤坝”就是法规道德，在这个框架内，我们便可无拘无束，否则可能成为坏人作恶。

——《自由不是随心所欲》

该考生在写考场作文《遵规守范，呵护生命》时，也运用了“流水河岸”这一素材：

“欲知方圆，则必规矩”。人的自由就如那时而奔腾咆哮、时而脉脉徐行的流水，向着一定的方向，自由自在地流淌，但不要忘记，流水的自由也必须受到河岸的限制，那默无声息静守河水的河岸，就是流水面对的“规矩”。如果有一束不守规矩的浪花，受到了风的鼓动，变得任性而狂妄，跃到岸上，与“规矩”作对，等待它的必定是被理性阳光蒸发的厄运。如此说来，河岸其实既限制了河水的自由，又保障了河水安全地流淌。交通法规，又何尝不是如此？它一定程度上限制了你的自由，却又在静静地呵护着你的生命。遵守了，就如同给生命扣上了安全带；违反了，就会把生命置于险境。孟子有云“不以规矩，不能成方圆”，我想说“不守规矩，可能丢性命”！

——《遵规守范，呵护生命》

分析：《遵规守范，呵护生命》这篇文章是强调“法规，它一定程度上限制了你的自由，却又在静静地呵护着你的生命”，而“流水河岸”这一素材中的“河岸”与“流水”的也正好具备这样的联系，所以我们可以这样来转化：“河岸其实限制了河水的自由，但又保障了河水能够安全地流淌。”

（3）一位考生在平时的习作“我想握住你的手”的话题作文中这样写道：

是谁曾经被你的容貌所吓住？是谁曾经忽略了你的才华？是谁让你从此心灰意冷？是谁让你的笔锋变得荒诞？在那君主专制的时代，你的政治抱负无从施展，你的思想不被别人所认同，一次又一次的失败让你用“冷”来装饰自己“火”一样的心，当“冰”“火”相遇时，你的心被无情地灼烧，让你痛苦万分，最终放情于山水之中，用自己“天仙才子”的文笔来诉说着那个时代种种的不平与污秽。最后，就连你那相濡以沫的妻子也离你远去，此时已年过半百的你是多么孤独与无助？！后来的你又是以怎样饱经风霜的心来拒绝楚国的相位？人们说你一生追求“自由无碍，自然无待”。但我明白那是你对命运的一种抗争，是你对那个世界的绝望！每每想到这些，庄子，我多想握住你那风烛残年的手。

又在“出乎意料与情理之中”的话题作文中用到了上次的习作。

我一直渴望用我拙笨的笔头来描摹一下这个先秦的哲人，但每每提笔，浮现在眼前的，总是一个至玄至幻的影子。这个影子或隐没于江湖，或委身于水田，或翩跹于梦幻，或混迹于闹市，令我无从下笔，只得兴叹。

大多数人，对于庄子，是迷惑不解的。那个烽火狼烟、豪杰并起的时代，赋予人的，是激情和斗志，是渴望辅佐君王、救黎民于水火的大丈夫情怀——庄子，这个槁项黄馘、聪明透顶的人，却弃自己的满腔才情不用，或与水田曳尾的神龟游戏，或研究墙角蜗牛触角上的弹丸小国，或臆造出不存于世的大鹏、大鲲，甚至对送到眼前的楚国相位都安然不动……这太出乎人们的意料了！

是啊！在那个名士说客围绕着君王，不厌其烦地宣扬他们那一套“治人”之术的时候，庄子，却转过头来，把自己的内心对准了我们这些最普通的人。他诚恳地告诉我们如何解脱世上的繁役，他坚定地鼓励我们去寻找自由、坚守内心。当他的老妻死去后，他毫不悲伤，高兴得击鼓，庆贺老妻归于自然；当同乡的曹商在乡里羡慕的目光中炫耀帝王赏赐的车马时，庄子竟毫不留情地讽刺他舐了秦王的大腿的脓疮……

庄子就是这样的特立独行，他的行为在两千年后的今天看来，依旧那样的古怪，他真是那个时代一个出人意料的哲人。然而——当我逐渐触摸到庄子的内心后，我才渐渐了解，正如清朝进士吴文英所说“庄子眼极冷，心肠极热。眼冷，故是非不管；心肠热，故感慨万端。虽知无用，而终不能忘情，而终不下手，到底是冷眼看穿”的那样，庄子因为对世界极度的热爱，才会对它表现出极度的失望，才会向往自由，让心摆脱奴役，才会用辛辣和尖刻的比喻来抨击、暗喻当时的社会。话说回来，庄子的蜗角之国，更是同世间不自由的最直接的对抗。他的所为，就是对世界不自由的最直接的反抗。他的所为，就是对世界的深爱，他似乎用他的放荡不羁来对待世俗的框约，用他的怪诞诙谐来嘲讽世俗的装模作样、一本正经。这样一来，庄子的所作所为不是很合乎情理、很合乎他内心的准则吗?

庄子就像一本书，读前令人疑惑，读后令人开朗。

“我想握住你的手”的话题作文，能看出这位考生和庄子有了心灵与心灵的碰撞，他用庄子“不被理解”“思想不被别人所认同”“政治抱负无从施展”“妻子也离他远去”的人生片段，回扣了“我想要握住你的手”的“为什么想”，与所要表达的观点结合得严丝合缝。

“出乎意料与情理之中”的话题作文，这位考生抓住了话题的重心“出乎意料”与“情理之中”，并联想到了上次习作所写的庄子，“鄙弃相位、妻死无悲”等这样怪异的、让人震惊的行为，刚好紧扣标题中的“出乎意料”；而深入庄子内心，明白庄子的所作所为是那么合情合理，又紧扣标题的“情理之中”。“他的所为，就是对世界不自由的最直接的反抗。他的所为，就是对世界的深爱，他似乎用他的放荡不羁来对待世俗的框约，用他的怪诞诙谐来嘲讽世俗的装模作样，一本正经。这样一来，庄子的所作所为不是很合乎情理、很合乎他内心的准则吗？”

因此，同学们，要写好考场作文，在切合题意的前提下，利用平时的习作是一种聪明的选择，前提是我们不能忽视材料的多面性。如果说某些材料只能用来证明某种观点，是一种思维定式；认为某些材料不能证明某种观点，也是一种思维定式。我们要认识到，使用材料不仅可以是正面的，还可以是反面的，甚至可以是侧面的。“不一致”的材料并非不可援引，关键在于我们看问题的角度。

【拓展演练】

请阅读下面一段文字，用“移花接木法”为话题“说‘安’”写一段转化文字。

《贞观政要》记载：太宗入苑视禾，见蝗虫，掇数枚而咒曰：“百姓有过，在予一人，尔其有灵，但当蚀我心，无害百姓。”将吞之，左右遽谏：“恐成疾，不可！”太宗曰：“所冀移灾朕躬，何疾之避！”遂吞之。李世民乃一代君主，肯吞蝗虫确是出人意料，似乎令人不可思议。但这看似出人意料的举动细细想来却又在情理之中。作为一国之君，李世民不但非常清楚粮食与百姓，人民与国家的密切关系，更加深知“水能载舟，亦能覆舟”的道理。而这样贤明的君主成就了“贞观之治”的太平盛世，更在情理之中。只此一事便可看出，大唐之兴实属必然。

——《出人意料和情理之中》

____

____

____

____

二、素材组合，对点选择

【问题描述】

同学们，在掌握了移花接木法之后，相信大家已经具备了一定的迁移能力，可以把单一的素材使用在合适的新主题中，但有些问题也随之而来，就是可能会出现通篇都是单一素材的堆砌，这就需要我们打破这种单一的形式，使用素材组合法。

【解决良方】

素材组合法，即从两篇或以上的习作中，按照主旨选取出合适的内容重新组合，构成考场新作文的方法。

【案例分析】

（1）有位考生，在平时作文中分别用到了王继才、杨善洲、杜富国的例子。

黄大年说：“若能作一朵小小的浪花奔腾，呼啸加入献身者的滚滚洪流中推动人类历史向前发展，我觉得这才是一生中最值得骄傲和自豪的事情。”

这便是新时代的中国心。岂止是黄大年有这样的中国心，你看看开山岛上的王继才夫妇，32年来，他们每天在岛上升起五星红旗，监测海上、空中情况，救助海上遇险人员，记录海防日志……因浪大风急无法下岛，王继才曾在岛上亲手为自己的儿子接生；因守岛有责，夫妻俩32年来仅有5个春节离开孤岛与家人团聚。是什么让王继才夫妇坚守孤岛32年？当然是那颗不计个人得失、敬业奉献、一心为国的炽热的中国心。正是千千万万个如黄大年、王继才夫妇这样甘做“小浪花”的劳动者，怀着一颗炽热的中国心助力着民族的复兴。

——《我的中国心》

日本施工单位“怕”施工时伤害树木，采取保护措施，表现出良心企业对草木的珍视，对环境的呵护。谁说草木无情：袁隆平种稻，解决了十多亿人口的吃饭问题；杨善洲种树，荒凉大山变成了金山银山；我们退耕还林、退牧还草、退田还湖，我们的生态环境越来越好。不过在环保路上，我们依然任重而道远：冬日雾霾依然肆虐，夏天极端灾害依然频发，春日的戈壁滩上少有绿树鲜花，秋日的鄂陵湖鲜见螃蟹鱼虾。

——《人人有所怕，世界美如画》

看完“感动中国”颁奖典礼，我不禁潸然泪下，这个毅力惊人的战士醒来的第一句话，就是先询问战友的安危，在躺在病床上无法动弹时，还想着要尽快养好身体，早日回到雷场与战友们并肩作战。他面对危险从不犹豫和退缩，把他人的生命看得比自己还重，即使失去了双眼和双手，心中也永远保持光明，这是一个军人强大的使命感和责任感，是镌刻在灵魂深处的勇气和担当！

——《观“感动中国人物”有感》

在考场作文《莫以智能弃劳动》中，他很好地将三者结合到一起。

同学们，请放眼我们所处的时代：如果人工智能可以代替劳动，那为何还有王继才夫妇在野草丛生、海风呼啸、人迹罕至的开山岛上32年的坚守；如果人工智能可以代替劳动，那为何还有杨善洲亲自在大亮山林场带领大家植树造林；如果人工智能可以代替劳动，那为何还有杜富国主动申请到扫雷大队？

同学们，现在明白了吧？我们决不能因为人工智能的到来就放弃劳动，这不仅仅是因为人工智能不能代替所有劳动，更重要的是像王继才夫妇那样的劳动的过程是我们心怀祖国、助力民族复兴的奋斗过程，是我们个人、是这个时代的精神财富。所以，我认为，人工智能的存在不是为了替代劳动，而是为了更好地促进社会的发展。如果有一天，人工智能取代了人类劳动，那么被取代的将是人类自己。

分析：前面的三篇习作，是对王继才、杨善洲、杜富国这三个人的不计较个人的得失、敬业奉献、一心为国的牺牲精神的展开。而《莫以智能弃劳动》是将三个素材的内涵与人工智能的局限进行对比，引出“劳动的过程是我们心怀祖国、助力民族复兴的奋斗过程，是我们个人、是这个时代的精神财富。”的观点。素材运用巧妙，同时也彰显了考生深刻的思考。

（2）阅读下面的文字，根据要求作文。

每个人都有自己的人生坐标，也有对未来的美好期望。

家庭可能对我们有不同的预期，社会也可能会赋予我们别样的角色。

在不断变化的现实生活中，个人与家庭、社会之间的落差或错位难免会产生。

对此，你有怎样的体验与思考？写一篇文章，谈谈自己的看法。

要求：①角度自选，立意自定，题目自拟。②明确文体，不得写成诗歌。③不得少于800字。④不得抄袭、套作。

有位考生将自己平时的习作中的三个人物素材鲁迅、黄文秀、马克思运用到了这次的考场作文中：

……

大家都知道，鲁迅年轻时选择学医，这是他自己的人生设计，也是家庭的期望。然而，当他在日本看了一场电影后，他便觉得“医学并非一件紧要事”。他觉得自己的人生选择与社会的期望有较大的落差和错位，于是竭力弥补与调整，毅然决定弃医从文，以唤醒沉睡的心灵，改变国人的精神。很明显，鲁迅后来的人生设计，更多地融入了家国情怀，他所考虑的不只是自己这个“小我”，更是国家和民族这个“大我”。可以说，唯有把“小我”与“大我”相结合，才能开拓人生的新境界。

“时代楷模”黄文秀在北师大硕士研究生毕业后，主动放弃大城市的工作机会，毅然回到家乡，成为一名乡村的普通干部。在有些人看来，也许这是个人与家庭、社会之间的落差或错位，从而对她充满惋惜与同情。然而，在黄文秀看来，这是把个人、家庭与社会完美结合的人生选择，因为她渴望用自己的智慧和力量改变家乡的落后面貌，渴望把满腔的热情倾注于脱贫攻坚的伟大事业中。在她的人生坐标里，有她自己的理想信念，有家庭的期望，也有社会的信任与期待。她把“小我”与“大我”有机地结合起来，让青春焕发出别样光彩。

马克思说过：“在选择职业时，我们应该遵循的主要指针是人类的幸福和我们自身的完美。”设计人生，胸怀家国，就会使我们的选择少一些落差与错位；设计人生，胸怀家国，就会使我们的选择多一些温度与厚度；设计人生，胸怀家国，就会使我们的人生航船朝着正确的方向，乘风破浪，勇往直前，到达无比美丽的彼岸！

这样按照一定的话题或主旨，将素材串联起来，组合在一起，会使文章内涵丰富、意蕴绵长而有层次感。

（3）一位考生在考场作文《示弱带来的成功》中，为了印证文章观点，选取了平时习作中运用的多则不同领域的名人素材，如：

沈从文在自传里并没有隐瞒自己的逃学生涯，卢梭在《忏悔录》中无情地揭露自己的过错，列夫·托尔斯泰为自己列出了“八条罪状”，奥古斯丁向世人坦承自己做过的可耻事。懂得正视自己，懂得示弱，让他们有了本质上的飞跃。

文章人文气息扑面而来，增强了文章的说服力。

【拓展演练】

请调动已有积累，使用“素材组合法”为下面的材料作文写一段论证语段。

阅读下面的材料，根据要求写作。

春秋时期，齐国的公子纠与公子小白争夺君位，管仲和鲍叔分别辅佐他们。管仲带兵阻击小白，用箭射中他的衣带钩，小白装死逃脱。后来小白即位为君，史称齐桓公。鲍叔对桓公说，要想成就霸王之业，非管仲不可。于是桓公重用管仲，鲍叔甘居其下，终成一代霸业。后人称颂齐桓公九合诸侯、一匡天下，为“春秋五霸”之首。孔子说：“桓公九合诸侯，不以兵车，管仲之力也。”司马迁说：“天下不多（称赞）管仲之贤而多鲍叔能知人也。”

班级计划举行读书会，围绕上述材料展开讨论。齐桓公、管仲和鲍叔三人，你对哪个感触最深？请结合你的感受和思考写一篇发言稿。

要求：结合材料，选好角度，确定立意，明确文体，自拟标题；不要套作，不得抄袭；不得泄露个人信息；不少于800字。

三、添加要素，精准转换

【问题描述】

同学们，在掌握了移花接木法和素材组合法后，在将平时的习作向考场作文转化的过程中有没有遇到可提取的素材很多，但是感觉哪一个都不是很合适的情况？这就需要我们使用要素添加法，进行精准转换，来使考场作文华丽转身。

【解决良方】

添加要素法，就是当平时的习作与考题同属于一个中心，只是具体的题目要求不同，我们可以添加相关的要素，比如，可以添加主题关键词，添加新作文的限制要求等，使之更符合考场作文的要求。

【案例分析】

（一）分析作文选段

选段一：学会爱自己

学会爱自己，不是让我们自我姑息、自我放纵，而是要我们学会勤于律己和矫正自己。人一生总有许多时候没有人督促我们、指导我们、告诫我们、叮咛我们，即使是最亲爱的父母和最真诚的朋友也不会永远伴随我们。我们拥有的关怀和爱抚都有随时失去的可能。这时候，我们必须学会为自己修枝打杈、寻水培肥，使自己不会沉沦为一株枯荣随风的草，而是成为一棵笔直葱茏的树。

选段二：认可自己

认可自己是让我们在最痛楚无助、最孤立无援的时候，在必须独自穿行黑洞洞的雨夜的时候，在我们独立支撑着人生的苦难没有一个人能为我们分担的时候——学会自己送给自己一束鲜花，自己给自己画一道海岸线，自己给自己一个明媚的笑容。然后，怀着美好的预感和吉祥的愿望活下去，坚韧地走过一个又一个鸟声如洗的清晨。

要求：请以“认可”为话题，调动形象思维，写一段文字。

分析：选段二在表达“认可自己”时，通过在选段一的文字中添加“学会自己送给自己一束鲜花，自己给自己画一道海岸线，自己给自己一个明媚的笑容”来达到“调动形象思维”这一要求，把平实的语言转化为生动形象的语言，为行文增添了亮色，为考场作文拓展创新提供了有力的支撑。

（二）写作文的方式方法

关于高考话题“感情的亲疏和对事物的认知”，有位同学写过一篇描写母亲高考前夕为了给自己创造一个宁静的学习环境，如何挪出一间房而忙碌的感人片段，为了能够与考场作文主旨相衔接，在题为“隔着代沟，我望见了你”的新考场作文中，他添加了母亲先前只关心股票而忽略自己学习的情节，以及两个阶段与母亲感情亲疏的不同，体现对母亲认识的“落差”。在原有内容加上增补的情节，才符合题意。

【拓展演练】

请用“添加要素法”将下面一段文字转化为题为“留一点空间”中的语段。

乘着渔娘轻摇的小船进入的，是一个真正的世外桃源。一湾碧水温柔地揽过大半个小城，欸乃的桨声在这绿丝绸上交织出别样的花纹。登上窄窄的水跳，漫步在黑白青灰的世界里，恍如隔世。

——《简单》

【参考示例】

（一）移花接木，直接转化（参考语段）

《贞观政要》记载：唐太宗视察农田时，见蝗虫蚀苗，不顾自身安全吞食蝗虫让其蚀己心而不危害百姓。太宗的祷告和希冀令人感动。岁乃民之根本，民乃国之根本，唐太宗舍一己之“安”，求万家之“安”，可敬可佩。农业乃国之根本，安泰之源泉，抓住了根本，方有社稷之安稳，方可享百年之盛世，万代之荣光。“贞观之治”，得民心者得天下。

——《说“安”》

（二）素材组合，对点选择（参考语段）

“大足以容众，德足以怀远”，诸葛亮七擒孟获，赢得了一方的长治久安；刘秀将辱骂自己的信件付之一炬，点燃了盛世之火；拿破仑替打瞌睡的士兵站岗，激发了军队的战斗热情……在如今的国际形势下，中国继承中华文明之包容精神，倡导人类命运共同体理念，在新冠疫情期间，进行大规模的国际援助，画出一道道“最美逆行之弧”，助力世界战胜疫情。正是这份宽容、善意，彰显了大国风范，贡献了中国力量，提高了中国的国际地位。

——《宽容处世，厚以待人》

（三）添加要素，精准转换（参考语段）

《留一点空间》乘着渔娘轻摇的小舟进入的空间，是一个真正的世外桃源。一湾碧水温柔地揽过大半个小城，欸乃的桨声在这绿色的丝绸上交织出别样的花纹。登上窄窄的水跳，漫步在黑白青灰的空间中，恍如隔世。

《留一点空间》中的关键词是“空间”，所以在语段中添加了“空间”这一要素，并把《简单》的“世界”也改为“空间”，紧扣标题。